AF277364

EL ALMA DEL BAÑO

EL ALMA DEL BAÑO

La manera más bella de ordenar y reconocernos

LUCÍA TEROL

SENCILLEZPLENA.COM

NPQ
Editores

Primera edición: enero de 2024

© 2023, Lucía Terol Hurtado

Ilustración: Beatriz Martín Chacón @be_sea

Corrección de estilo, diseño y maquetación:
Javier Martín (Uncial, diseño gráfico y edición)

ISBN: 978-84-19924-48-3
D. L.: V-4552-2023

*«Soy un solo Ser, unido a mi Creador,
uno con cada aspecto de la Creación».*

Un curso de milagros

*Para todos los cuartos de baño:
GRACIAS.*

PRÓLOGO

Solo conozco una persona que podría escribir algo así, que podría captar el alma de un lugar tan poco valorado, incluso menospreciado y con tan poco glamour como es un lavabo.

Para la mayoría de nosotr@s un cuarto de baño no es más que un lugar de aseo y evacuación, con una taza de váter, un bidé, una bañera o ducha y un lavamanos con espejo. Pero llega Lucía y ve otra cosa. Con su «visión bonita» capta la esencia de este espacio y pone luz en el potencial. Lleva el baño a su mayor expresión y a ti a que puedas ver y disfrutar de esa posibilidad.

Las cosas nunca son lo que parecen y siempre tienes la opción de mover tu punto de vista para experimentar de múltiples formas aquello que tienes delante. Algunas no aportarán nada nutritivo ni amoroso, ni a ti ni al mundo, y otras llenarán de belleza tus espacios, tus cosas, tu casa, tu vida y el mundo.

Cuando tengas delante a una persona que su manera de sentir, de pensar y ver (respecto a cualquier cosa) eleva la tuya, ELÍGELA.

Que este libro, *El alma del baño*, sea una contribución más a nuestro despertar espiritual, a la experiencia colectiva de encontrarnos y reconocernos en el Alma, y también en el alma de las cosas.

Soy dichosa de «tenerte» en mi vida, Lucía. Saber que existes me llena el corazón de alegría y el privilegio de compartir coordenadas de tiempo y espacio ya es el colmo del regalo...

ALICIA SÁNCHEZ PÉREZ
Escritora y pintora

SUMARIO

TERCERA PARTE

CUARTA PARTE

QUINTA PARTE

INTRODUCCIÓN

Nuestro cuarto de baño nos permite
volver a casa a través de él.

Todas las personas, de forma consciente o inconsciente, anhelamos el orden y, por ello, actuamos en consecuencia. Entre otras cosas, buscamos elementos decorativos que nos permitan tener un espacio armonioso u ordenado. Limpiamos el espacio para verlo aseado. Revisamos los objetos que tenemos.

Lo que ocurre es que este proceso parece infinito. Es como si el orden nunca estuviera cerca, siempre está un paso por delante. Cuando un fin de semana, justo antes de la visita de un familiar, haces un zafarrancho de limpieza, la casa se queda ordenada, pero parece que la armonía dura justo el tiempo que permanecen en casa, o incluso menos si la visita se alarga.

Este libro no pretende darte herramientas para repetir este patrón, no busca el orden desde la perspectiva en la que normalmente se entiende. Este texto ofrece una visión revolucionaria del acto de ordenar.

Hasta ahora todas las visiones de orden más extendidas a nivel mundial ponen a la persona que ordena en el centro de la ecuación. Este texto tiene una visión diferente porque te relega a un papel secundario: te lleva al orden que necesitas a partir de la visión del espacio que estás ordenando; en este caso, el cuarto de baño.

Esto, cuando se pone en práctica, revoluciona la relación que tienes con tu baño, con tu casa y con el orden en general. Ya nada volverá a ser lo mismo y todo será más armónico.

El baño te revela lo que se oculta tras su desorden, te muestra lo que necesitas aprender, te devuelve de nuevo a ti a través de los actos cotidianos de ordenar y limpiar ese espacio.

¿Recuerdas lo que decía el principito sobre que «Lo esencial es invisible a los ojos»? Pues en este caso esta frase no es exacta porque, aquí, vamos a hacer visible lo esencial a través de lo que es más visible en nuestro entorno. Verás que nada es invisible si sabes cómo mirar.

Con este enfoque los ojos son el cabo del ovillo a través del cual podemos descubrir primero y desenredar después toda la madeja.

Este texto te va a acompañar en una experiencia en la que vamos a apoyarnos en la parte física para embarcarnos en una vivencia profundamente espiritual que tiene como escenario peculiar tu cuarto de baño.

Si tuvieras que elegir los decorados menos espirituales de tu casa, el primer escalón de podio lo ocuparía sin duda el cuarto de baño.

Es cierto que para algunas personas, especialmente después de ser madres o padres, puede convertirse en una guarida de la tan ansiada soledad, pero de ahí a considerarlo un punto espiritual va un largo trecho.

Dotamos a los lugares que calificamos como sagrados de un cierto misticismo que nada tiene que ver con lo cotidiano. Nuestro cuarto de baño es todo lo contrario. Es uno de los espacios más mundanos de nuestro universo personal.

Cuando ponemos en casa un altar o consideramos un determinado rincón como espacio sacro, suele tratarse de un emplazamiento tranquilo y de poco paso. Hasta ahora nunca he visto a nadie con un altar o estampitas de la virgen en el retrete.

Pues sí, este espacio aparentemente profano, despreciado en algunos casos y poco glamuroso en la mayoría, va a ser el puente que nos permita unir estas dos aparentes realidades, el mundo material y el mundo espiritual.

Te adelanto que esta aventura no va a ser teórica, te va a tocar arremangarte. Este camino viene con un mapa definido, con unos pasos concretos y con las herramientas que necesitarás en tu andanza para implementarlo.

La brújula y la guía no te la ofrezco yo, nos la proporcionará el alma de tu baño. Será ella quien nos guiará.

Sí, has leído bien, el alma de tu baño, porque todos los espacios que nos rodean tienen alma y, en este caso, nos vamos a enfocar en tu baño para que nos guíe.

No te voy a hacer promesas específicas porque el viaje de cada cual será algo diferente y, sinceramente, no sé cómo se va a desarrollar el tuyo. Lo que te puedo asegurar es que después de poner en práctica las propuestas que encontrarás en este libro ya no volverás a ver tu cuarto de baño de la misma forma.

Cambiará tu percepción sobre la limpieza, sobre el orden e incluso sobre la colocación de los productos o sobre la compra de elementos nuevos para tu baño.

Es curioso porque, aunque aquí no vas a encontrar técnicas de limpieza específicas o listas sobre lo que necesitas tener o cómo conservarlo, vas a tener herramientas concretas que te van a permitir adentrarte en una nueva forma de mirar tu baño, y esa nueva mirada tendrá el poder transformador de cambiar tu enfoque y, a partir de ahí, tus acciones.

Tu baño te va a hablar a ti y aquí vas a encontrar el «traductor» que te va a permitir interpretar lo que te está diciendo.

Incluso yendo un paso más allá, este texto no se refiere únicamente a la forma en la que te relacionas con un determinado espacio de tu casa, tiene que ver con la forma en la que te ves a ti.

Llevo años acompañando procesos de orden. He acompañado a cientos de personas a ordenar sus casas y siempre ocurre lo mismo, en cada proceso la casa muestra a la persona aquello que necesita ver, aquello que necesita atender, esa parte de sí misma que permanece en la sombra y que es fundamental para su presente. En mis procesos el camino empieza por la persona y poco o poco se empieza a escuchar al hogar. Este libro es diferente porque salta toda la primera parte, aquí no apareces tú, ni tus necesidades, ni tus intereses, cambia el enfoque desde el que estamos acostumbrados a ordenar.

Normalmente, todos los procesos de orden tienen el mismo protagonista. Tú eres el centro a través del cual se toman las decisiones:

¿Qué te aporta valor?
¿Qué te hace feliz?
¿Qué necesitas?

Este texto te quita el protagonismo y te permite conocerte, pero no a través de lo que crees que te hace feliz, de lo que crees que te aporta valor o de lo crees que necesitas. Te permite conocerte a través de lo que tu baño te está reflejando, a través de lo que el alma del baño te enseña de ti mismo.

La gran sorpresa es que esa imagen es mucho más real y fidedigna que la imagen mental que tenemos de nosotros mismos. Tu baño te conoce mejor de lo que te conoces tú y sabe mejor que tú qué es lo que necesitas.

En un anuncio de la marca Dove, un grupo de mujeres tenían que acudir a un lugar sin más indicaciones que las de fijarse en la mujer que estaba a su lado en la sala de espera. Después, cada una de ellas entraba sola a una habitación en la que un retratista les pedía que se describieran a sí mismas y que describieran a la persona que había estado esperando junto a ellas. Con esta información el retratista hacía dos dibujos y, así, cada una de las mujeres salía de allí con dos retratos personales: uno hecho gracias a la descripción de una desconocida y, el otro, hecho con su propia descripción. ¿Sabes cuál era el retrato más fidedigno? El que había sido orientado por la descripción de la desconocida. Esta imagen era mucho más auténtica que el retrato que cada una de ellas había hecho sobre sí misma. Muchas veces tenemos una imagen distorsionada de nosotros mismos y, si este es tu caso, el baño te lo va a mostrar, pero no solo eso, te va a ofrecer un retrato a través del cual tener otra visión de ti. Lo que ocurrió en esta campaña, y que suele ocurrir en este proceso, es que el retrato que guiaba la desconocida no solo era mucho más real, también era más armónico, y con el baño pasa lo mismo[1].

Este libro, aunque parece que habla de un espacio específico del hogar, habla de ti y de tu forma de reconocerte y relacionarte con todo.

Es un texto pragmático, no filosófico, está diseñado con un enfoque práctico y acotado para que puedas poner en marcha rápidamente las propuestas que aquí se plantean.

---

1. Anuncio de Dove para la campaña *Real Beauty Sketches*.

De pequeña, durante años estudié inglés en el colegio, pero cuando a los 19 años me fui a vivir por primera vez a un país de habla inglesa fui consciente de que no sabía comunicarme. No tenía ni idea de cómo entablar una conversación por mucho que me supiera el pasado de algunos verbos.

Ahí descubrí que a hablar se aprende hablando, y es por ello que este texto no pretende que te sepas de memoria los conceptos sobre el alma de tu baño, sino que apuesta por darte el vocabulario básico que te va a permitir empezar a chapurrear directamente con ella.

Empecemos por el principio.

LA IDEA FUNDAMENTAL DE LA QUE PARTE ESTE TEXTO

"

«Soy un solo Ser, unido a mi Creador,
uno con cada aspecto de la Creación».

Un curso de milagros

La idea fundamental de la que parte este texto es muy sencilla: todo es uno. La teoría monista del universo, de origen hindú, propone que uno es todo y que una única sustancia se manifiesta a sí misma en la forma de aparentes distintos elementos. Esta teoría es el fundamento de todas las teorías orientales y se ha ido abriendo paso con el tiempo en algunos aspectos del pensamiento occidental. Es la misma que está detrás de las propuestas de, entre otros, Descartes, Espinoza, Hegel y Emerson.

Si estás aquí, estoy segura de que ya has escuchado con anterioridad esta afirmación.

«Todo es uno» es un concepto muy extendido en el mundo de la espiritualidad. Se nos puede incluso llenar la boca con esta afirmación y podemos llegar incluso a creerlo mentalmente o, en ocasiones y con el público adecuado, a verbalizarlo. Pero ¡leches!, ¡qué difícil es después aplicar esto en nuestro día a día cuando un coche te corta el paso o cuando tu hijo te llama de forma insistente y tú intentas hacer algo que requiere de tu concentración! Ahí se nos olvida el «todo es uno» o «todos somos uno». También cuando criticamos mentalmente a un político, a una madre que grita a sus hijos en el parque o al vecino que tiene la música alta.

Aquí vamos a adentrarnos en este concepto, pero para ello nos alejaremos temporalmente de nuestra especie y nos acercaremos a esta idea a través de un ente aparentemente inanimado.

La creencia en la supremacía humana nos lleva a tener una visión limitada y a vivir de una forma aparentemente aislada que no tiene en cuenta otros aspectos de la ilusión que estamos viviendo. Nos tomamos demasiado en serio y creemos que nuestra realidad es la realidad, y es justamente esta visión sesgada la que impide que podamos vislumbrar el mundo de la ilusión en el que estamos inmersos.

Observar esta tendencia puede ser tan disruptivo como revelador porque, de repente, generamos un cortocircuito al poner el foco en algo aparentemente irrelevante que no merece nuestra atención y que puede ser la puerta de entrada para ir más allá de las resistencias del ego.

Si te dijera que «todos somos uno» y te lo justificara es muy probable que tu mente de forma inmediata se fuera a identificar a esos seres humanos concretos que han realizado actos que consideras deplorables. O, incluso, analizaras tu círculo más cercano para ver a ese pariente, familiar o conocido, que es opuesto a ti. Entonces empezarías a buscar argumentos tanto a favor como en contra de esta afirmación.

Puede que alguna persona tuviera más pensamientos en un sentido y otra en otro, habrá personas cuyos pensamientos le confirmen que «todo es uno», mientras que otras tengan pensamientos que demuestren justo lo contrario. Eso no es importante porque en el fondo es lo mismo. Si yo te doy una formulación y te planteas mentalmente su veracidad o no, independientemente del resultado de esta reflexión[2], el proceso será idéntico. Es un pensamiento inicial que comparto contigo y que activa en ti una serie de pensamientos, ya sean afines o contrarios. Tanto en un sentido como en el otro, cuando lo miras desde una visión más amplia te das cuenta de que en ambos casos son solo pensamientos. Tanto si piensas que todo es uno como si no, en ambos casos lo que estás viendo no es lo que es, sino lo que piensas.

Así, al darle vueltas a esta idea en nuestra cabeza podemos creer, de forma errónea, que estamos viendo la propuesta, pero lo cierto es que solo estamos viendo nuestros pensamientos. No estamos viendo lo que creemos que estamos viendo, estamos viendo nuestros pensamientos sobre lo que creemos que estamos viendo.

No estamos viendo o no viendo la unicidad, lo que estamos viendo son nuestros pensamientos sobre el pensamiento de la unicidad.

Esto lo hacemos todo el tiempo y lo tenemos tan normalizado que son pocos los seres humanos que toman consciencia constante y cotidiana de este proceso.

Piensa en un ser querido: tu madre, tu padre, tu pareja… Elige a alguien y piensa en esa persona. ¿Qué ves?

Cuando piensas en tu hijo, en tu hermana o en tu pareja lo que estás viendo no es a esa persona, son tus pensamientos sobre esa persona.

---

2. *Reflexionar*, según la RAE: Pensar atenta y detenidamente sobre algo.

Y lo que suele ocurrir es que cuanto más cercana o especial sentimos a la persona, más pensamientos tenemos asociados y menos capacidad tenemos de verla porque no vemos a la persona por lo que es, sino por lo que pensamos que es.

Por eso, en ocasiones puede resultar más difícil poder reconocer el mundo de la ilusión a través de las personas que nos son más cercanas, y es por ello por lo que suelen ser la causa principal de nuestro sufrimiento.

Yo me siento uno con mi pareja cuando lo miro a los ojos y me pierdo en su mirada, cuando me siento parte de él y lo reconozco como parte de mí. No me siento uno con mi pareja cuando se olvida de algo que tenía que hacer o cuando no apaga el horno dejando que la comida se queme.

Por eso nuestro foco de atención va a ser un espacio de la casa sin mucho interés aparente, que en la mayoría de los casos nos da un poco igual. Y es aquí donde reside su potencial porque no tenemos tantos pensamientos asociados.

El hecho de que no te importe tanto, implica que no tienes unas ideas muy cerradas sobre ese espacio y es ahí, en ese vacío, donde reside el potencial de descubrir la verdad que es, que es la verdad que somos.

Muchas veces, cuando escuchamos «todo es uno», podemos creer que este concepto se refiere únicamente a los seres humanos, que todos somos uno. Nada más lejos de la realidad. Todo y todos no son lo mismo. Cuando decimos que todo es uno, es que todo, incluso los objetos, los animales o los árboles, somos uno.

Esto va más allá de los seres humanos.

Todos los elementos que nos acompañan en esta ilusión forman parte de esa unidad.

Pero, claro.

No todos los seres humanos somos iguales.

Ni todos los animales.

Ni todos los árboles.

Ni todas las cosas.

No es lo mismo un manzano que un limonero.

No es lo mismo una hormiga que un león.

Y lo mismo ocurre dentro de la raza humana, la diversidad abunda dentro de esta unicidad universal.

Sí, en esencia, todos y todo somos uno, pero el alma de cada parte de ese todo se manifiesta con características concretas y diferenciales.

El limonero con frutos de color amarillo y la hormiga con un tamaño reducido.

Esto, que se ve tan claro con otras especies, ocurre también con la «raza» de las casas y específicamente con los cuartos de baño.

Todas las casas tienen una energía única: son una.

Sí, desde la mansión más grande hasta la mini casa más humilde.

La energía base de los hogares es la misma en todos los elementos que se manifiestan como casa, pero como bien sabes hay diferencias, y no solo en cuanto al tamaño.

Cada casa tiene unas características especiales que la hacen única. Cada casa es especial, pero no unas más que otras, todas son especiales y de alguna forma únicas, aun teniendo de base la misma energía y aun formando parte de un todo que engloba no solo a los objetos, sino también a las plantas, animales, minerales o seres humanos.

Pero, todavía podemos hilar algo más fino.

Todas las casas tienen una energía única y cada una es especial, todas lo son. Lo mismo ocurre con los cuartos de baño. Todos los cuartos de baño tienen una energía común y cada uno es único.

Todos los baños tienen una energía única, pero después cada baño tiene un alma específica.

En esta obra nos vamos a centrar en este aspecto, en el alma de los cuartos de baño y específicamente en el alma de tu baño, o de tus baños si tienes más de uno.

Vamos a enfocarnos en atender y descubrir estos espacios de la casa por los que pasamos a diario, pero que no suelen ser ni reconocidos ni apreciados.

Vamos a descubrir el todo a través de atender al detalle. Como la gota de agua del mar, que tiene la información del mar completo, así el cuarto de baño tiene la información no solo de toda la casa, sino también, de todo a lo que llamamos vida.

NUESTRO BAÑO SE VUELVE PROTAGONISTA

Vamos a hacer una prueba. Te voy a pedir que pienses en un espacio de tu casa y que observes qué aflora. Por supuesto, de forma honesta. El objetivo no es que aflore una cosa u otra, solo observa aquello que emerge.

Empezamos.

Piensa en tu salón y observa la mueca que se dibuja en tu cara.

No solo lo leas, haz la prueba. No te tomará más de unas décimas de segundo.

Seguimos con otro espacio.

Vamos a hacer lo mismo con tu dormitorio.

Piensa en tu dormitorio y observa qué tipo de sensaciones llegan a ti.

¿Es lo mismo que con el salón o es algo diferente?

No estamos juzgando que una reacción sea mejor o peor que otra, solo atendemos a lo que emerge.

Vamos a seguir con otro espacio. Ahora me gustaría que hicieras lo mismo con tu cuarto de baño.

Piensa en tu baño o baños y atiende a ver qué sensación o rasgo aparece.

¿Qué has notado?

En la mayoría de los casos sentimos más compasión o aprecio hacia espacios que sentimos más cercanos.

Sí, puede que al conectar con el salón o el dormitorio recordemos las tareas pendientes o el desorden que dejaron los niños antes de salir de casa, pero suele haber un trasfondo de encuentro, de aprecio, de reconocimiento.

Además, son espacios en los que hemos invertido energía y tiempo, incluso a nivel decorativo. Se pasa más tiempo diseñando y decorando espacios como el salón o el dormitorio del que se pasa pensando en la decoración del cuarto de baño y esto es solo un síntoma. Aquello en lo que invertimos más energía, tiempo y dinero es aquello que más apreciamos.

Cuando conectas con el baño suele haber una mayor frialdad, desinterés o incluso rechazo en algunos casos.

Los cuartos de baño: esos grandes incomprendidos.

¡Hola, soy Lucía, la presidenta del club de fans de los cuartos de baño! Es broma, aunque en toda broma hay un punto de verdad, y es que creo que los pobres cuartos de baño están muy denostados y poco considerados para todo lo que hacen por nosotros... Y sí, todavía no hay club de fans, pero si se llega a crear podría ser la presidenta.

¿Quién te acoge cada mañana cuando las legañas inundan tu cara?

¿Quién está ahí para limpiarte cuando llegas sudado después de un largo día de calor?

¿A quién recurres cuando te encuentras mal del estómago?

Hay espacios de la casa que disfrutan de nuestras mejores galas, nuestros momentos más célebres, los encuentros, las celebraciones… Mientras que los cuartos de baño suelen ser los testigos de nuestros momentos más bochornosos. Y aun así, o quizá justo por eso, los rechazamos.

Cuando era pequeña, en mi casa los fines de semana eran días de limpieza. Por aquel entonces mi hermano y yo teníamos alguna responsabilidad, entre ellas, limpiar nuestro cuarto de baño.

Funcionábamos a turnos: una semana uno, la otra semana el otro, y recuerdo la sensación de desazón que sentía cuando descubría que ese fin de semana el baño me tocaba a mí.

Prefería con diferencia ir a comprar o incluso lavar los platos antes que limpiar el baño.

Esto suele ser algo común.

El baño es seguramente uno de los espacios más pisados y al mismo tiempo uno de los menos considerados en nuestro hogar.

En esta obra vamos a dejarle espacio para que tome el protagonismo y nos cuente, desde su perspectiva, qué necesita y cómo nos ve.

Porque, como ya hemos comentado, es testigo de nuestras luces, pero también de nuestras sombras, y justo por ello tiene mucha información importante que a veces se nos pasa por alto.

El baño es testigo de nuestra verdadera imagen, esa que está por detrás de la máscara que proyectamos al mundo.

Su voz te va a guiar en un proceso de autodescubrimiento en el que a través de su alma vas a poder atisbar la tuya.

Este es un cambio de enfoque revolucionario, ya que en esta ocasión no vas a ser tú quién guíe el camino. A través de este texto vas a entrar en contacto con el alma de tu baño y va a ser ella quien te guíe en una aventura que te va a llevar de lo visible a lo invisible, desde el detalle hasta el todo.

El baño pasa de ser un actor secundario poco valorado a ser el protagonista de esta maravillosa aventura de orden con alma.

CRACTERÍSTICAS DEL ALMA DEL BAÑO

Vamos a ver qué es esto del alma del baño.

Como hemos visto, los espacios tienen alma, los objetos tienen alma, las plantas tienen alma, los animales tienen alma.

No porque tengan un alma individual unitaria, sino porque forman parte de un alma colectiva que se manifiesta de distintas formas en esto que llamamos la realidad.

El alma de cada uno de estos elementos es independiente y al mismo tiempo tiene algo similar a una energía común, los mismos ingredientes base.

Es como la pizza. Puede ser una pizza margarita o cuatro estaciones, pero no dejan de ser pizzas, por muy diferentes que aparenten ser sus ingredientes.

Lo mismo ocurre con el alma humana, el alma de cada ser humano es independiente, pero al mismo tiempo forma parte de una «masa» o conciencia común.

El alma de los cuartos de baño es independiente, pero al mismo tiempo tiene una conciencia común.

Lo que vamos a exponer aquí es la conciencia común del baño, de los cuartos de baño.

De todas formas verás que cada baño es diferente. No todos los baños, aunque sean similares, tienen la misma energía o incluso estructura, y es que cada espacio tiene una forma de expresarse y un estilo. Lo mismo que sucede con las pizzas.

Este texto verbaliza el alma de los cuartos de baño, su energía general, que después se manifiesta de forma diferente en cada uno de estos espacios, pero que tiene una base común que aúna energéticamente a los espacios de un mismo gremio, el gremio de los baños.

Cada tipo de espacios tiene un tono distinto y diferencial, pues no es lo mismo escuchar al alma de los baños, que a la de los dormitorios o, incluso, a la de las cocinas. Cambia el tono, el formato y el estilo.

En este caso el alma de los baños tiene unas características específicas que paso a compartir contigo antes de que empecemos.

Quiero que lo empieces a conocer, que lo empieces a ver más allá de los elementos que lo componen. Como quien es capaz de ver el alma del ser amado más allá de la ropa.

Son muy, muy, muy, muy prácticos (y creo que me quedo corta con los «muy»...)
El alma de los baños tiene un enfoque muy práctico. Están dedicados a la acción y es que, por lo general, no son espacios de dispersión, sino más bien espacios de actuación, enfocados en el hacer.

En los espacios de la casa la funcionalidad suele ser coherente con el estilo energético de dicho espacio. Nada es casual, todo está perfectamente orquestado, como las estrellas del cielo que se complementan entre sí, con sus ritmos y tiempos diversos. De la misma forma que la posición y estilo de cada estrella es coherente con su función dentro de la armonía celestial, lo mismo ocurre con los baños, cuyo estilo es coherente con la armonía del hogar.

Darnos una ducha, lavarnos, ir al váter, cortarnos el pelo o depilarnos. Casi todo lo que realizamos en estos espacios son acciones concretas y acotadas, y es por ello por lo que la propuesta que tienes entre tus manos presenta esta visión práctica, acotada y enfocada en la acción.

Enfoque concreto

El alma de los baños no se anda por las ramas. Hay otros espacios de la casa que disfrutan de la divagación, pero este no es el caso del baño.

El alma del baño tiene una energía alineada con la concreción, es directa, va sin rodeos y está enfocada.

Esto tiene mucho sentido si observamos la funcionalidad del baño, ya que no es un espacio en el que nos deleitamos de forma natural, es un lugar que nos inspira dicha concreción.

Enfocado al servicio genuino

El alma del baño tiene un foco de servicio que conmueve.

Ya destacábamos antes que los cuartos de baño nos encuentran en nuestros peores momentos. Nos sostienen cuando estamos sucios, cuando necesitamos vomitar, cuando no nos vemos, cuando nos acabamos de despertar...

Y están ahí siempre, al servicio, atendiendo todo aquello que necesitamos. Sin nunca, ni una sola vez, echarnos en cara la falta de reciprocidad de dicho servicio.

Ante todo, el alma del baño es un alma compasiva

Una compasión y servicio que poco tienen que ver con el concepto humano de entregarnos esperando algo a cambio, es un puro acto de bondad desinteresada y altruista. No es ese amor humano con fecha de caducidad. Aunque tu dejes una casa, aunque lo trates o le hables mal, él nunca dejará de amarte, no sabe hacerlo, no sabe no amarte, ni siquiera existe esa posibilidad porque es la pura compasión personificada en un espacio.

Así es el alma de este espacio que además lleva mucho tiempo esperando a ser escuchada y que ahora se presenta ante ti.

EL BAÑO *vs* TU BAÑO

Esta es una aclaración que pretende evitar malentendidos: este texto se basa en una lectura general del alma de los baños. Esto quiere decir que puede que haya cosas que sientas que están reflejadas en tu baño y otras que no.

Imagina que te aseguro que las personas se comunican a través del lenguaje verbal. Quizá seas mudo o conozcas una persona muda y, entonces, puede que te cuestiones si eso es verdad, porque en ese caso concreto esa realidad no tiene sentido.

Lo mismo puede ocurrir con el alma del baño, hay aspectos que son generales, pero hay algunas realidades que son particulares y que no se verán reflejadas en algunos de los rasgos universales que el alma del baño presenta.

Por norma general este texto va a representar a la mayoría de los cuartos de baño, pero es cierto que en algunas realidades concretas o en algunas facetas puedes sentir que lo que se está diciendo no representa exactamente la vivencia que tú tienes con tu cuarto de baño. ¿Qué hacer en esos casos? Muy sencillo, adapta la información recibida de forma que tenga sentido para la vivencia que tienes en este momento presente.

Por ejemplo, si a la frase «todas las personas se comunican a través del lenguaje verbal», le quitamos la segunda parte, queda una frase que sí que reflejaría la realidad de una persona muda. La frase se quedaría en «todas las personas se comunican».

Lo mismo se te pide que hagas en el caso de que algunos de los mensajes que recibas no se adapten exactamente a la realidad que estás viviendo, simplemente modifica aquello que necesites para concretar el lenguaje y hacerlo más específico para el momento vital de tu cuarto de baño.

Aun siendo un alma única, que es el alma del colectivo, hay características que son ahora diferentes o que lo han sido o, incluso, que lo serán.

Hace tiempo hice un retiro de ayuno y soledad. En ese momento, después de un par de semanas de estar sola sin comer y en silencio en una cabaña en mitad de la nada, empecé a comunicarme con una palmera que vivía justo en frente de la hamaca de mi cabaña. No vamos a entrar en si hablé o no realmente con la palmera, solo quiero compartir contigo una parte de dicha conversación para ver en detalle este concepto y esta forma de mirar.

Una de las primeras preguntas que yo le hice a la palmera fue: ¿cómo te llamas? A lo que ella me respondió que no tenía nombre y que no lo necesitaba –algo que me pareció rarísimo y que me llamó mucho la atención–. ¿Cómo un ser podía no tener nombre ni necesitarlo? Después me dijo que si yo lo necesitaba le podía dar un nombre, y así lo hice. La llamé Raúl, por Raúl Seixas. No sé por qué, pero el movimiento de sus hojas al viento me recordaba de alguna forma a este cantante brasileño.

En ese momento no lo entendí bien, pero ahora lo veo claro. Somos los humanos los que necesitamos reconocernos con esta visión individual de la que parte esta necesidad de tener nombres específicos que nos diferencien. Y aunque también pasa con algunos animales, no ocurre con el reino vegetal o mineral, y tampoco ocurre con los espacios de las casas.

Somos los seres humanos los que, al tener esa visión de separación, no concebimos el no tener nombre propio y buscamos todos los matices para poder distinguirnos. Llegando en ocasiones a actuar para desmarcarnos de un determinado grupo o para formar parte de un grupo específico que, a su vez, se diferencia de otros. Aquí estarían todas las subculturas que pretenden diferenciarse de «la masa», nunca mejor dicho. Este movimiento nos parece normal y lógico y, por el contrario, pensar que una parte de la creación no precisa ni siquiera de nombre nos resulta anómalo.

Desde luego, somos peculiares los seres humanos...

El alma de los baños no precisa de tanta distinción. Si tú, ser humano que está leyendo esto, necesitas ponerle un nombre e identificar aquellas especificidades que hacen a tu baño distinto, puedes hacerlo. De la misma forma que la palmera permitió que yo la llamase Raúl, tu baño te va a dejar que hagas este movimiento. Todo está bien, no pasa nada, solo sé consciente de que eso parte de una necesidad tuya alimentada por la creencia en la separación, no por algo que tu baño –o la palmera– te esté demandando.

LOS CAMBIOS EN EL BAÑO

Como hemos visto, hay características generales del alma de los espacios que pueden hacer referencia a tu espacio y estar reflejadas en él, y otras que no.

También puede que esas aparentes diferencias hagan alusión a un momento concreto.

Puede que haya características que se hayan manifestado en un pasado, aunque ahora no lo hagan.

Por ejemplo, sigamos con el planteamiento del capítulo anterior: hemos visto que si decimos que los seres humanos se comunican a través del lenguaje verbal, no es así para todo el mundo y que hay excepciones. Hay personas que se comunican mediante otro tipo de lenguajes, lo que hace referencia a una parte de la población general, pero a un porcentaje mucho mayor si tenemos en cuenta una edad concreta.

Cuando nacemos, nuestra forma de comunicarnos no es el lenguaje verbal, entendido como las palabras, de hecho tardamos meses o incluso años en aprender a hablar.

De la misma forma, en otras etapas de la vida hay personas que pueden reducir o llegar a perder la facultad de hablar o modificar la forma en la que se comunican.

Algo similar ocurre con los cuartos de baño, hay aspectos que hacen referencia a generalidades del alma de estos espacios que puede que, sin estar presentes en un momento actual de tu espacio, lo vayan a estar en un futuro o, incluso, que hayan sido parte de tu pasado sin serlo de tu presente.

Este hecho no es tan importante como podría parecer, ya que el potencial en todos los casos está, aunque no esté manifestado o parezca no estarlo.

El tiempo realmente no existe y aquello que llamamos pasado o futuro está ocurriendo al mismo tiempo en el eterno presente que es ahora y siempre. Aunque no siempre somos conscientes de ello.

Nuestro nivel de conciencia es lo que determina aquello que vemos. Este aspecto puede evolucionar y hay perspectivas que quizá ahora no puedes reconocer, pero que no puedas reconocerlas ahora no quiere decir que no se estén dando en este instante. Una persona con daltonismo no puede reconocer algunos colores, pero esto no quiere decir que dichos colores no existan.

Nuestra realidad tiene mucho que ver con lo que creemos que es nuestra identidad y esta visión identitaria es algo que evoluciona y que va cambiando seamos o no conscientes de ello. Es lo que pensamos sobre nosotros, lo que creemos que somos, lo que evoluciona, pero no lo que somos. Lo que somos es inmutable, pero lo que creemos que somos sí que puede variar.

Por eso es importante que uses este texto abriéndote a reconocer posibilidades que quizá ahora mismo parecen imposibles o muy lejanas.

El alma de tu casa incluye el alma de los distintos espacios y categorías.

El baño te muestra una parte del todo, que lo incluye y que lo representa al completo. Imagínate que cortaras un pedazo de tarta y que ese trozo no fuera un pedazo, sino que fuera la tarta completa con todas las características e ingredientes. Eso es exactamente lo que ocurre con el alma del baño.

El resto de espacios y categorías te muestran también tartas completas, aunque con otros estilos y perspectivas, todas son el mismo todo.

Todas ellas construyen el alma de tu casa, el alma de lo que somos.

Distintas formas de ver, mirar y adentrarse en un mismo todo del que tú formas parte.

La tarta ya está cortada y empezamos por el trozo del baño, que a su vez, lo representa todo.

LA HISTORIA
Y FUNCIÓN DEL BAÑO

El baño ha tenido una función a lo largo de la historia: purificar el cuerpo y, según como se mire, incluso el alma.

A lo largo de los tiempos se ha creído que los desechos resultantes de dicho proceso eran impuros y necesitaban quedarse en el espacio que acogía la alquimia. Es por ello que durante mucho tiempo los baños estuvieron lejos de las viviendas, como queriendo mantener los despojos lejos de la vida. Como negando esa parte que desprecias y que al mismo tiempo no puedes evitar.

Hace mucho, en la antigüedad eran espacios públicos a los que las personas acudían no solo para lavarse, sino también con fines religiosos o incluso políticos. Es por ello que para culturas como la romana o la griega los baños eran espacios públicos de encuentro.

Fue solo a partir del siglo XVI, en Gran Bretaña, cuando los baños privados empezaron a hacer acto de presencia. Entonces, empezaron a diferenciar la clase social, ya que tener un baño en casa era sinónimo de tener una situación privilegiada. No sería hasta mediados del siglo xx que el baño doméstico pasaría a ser algo común.

El uso que se hace de los baños dice mucho de una sociedad. Cuando en la antigua Roma y Grecia eran públicos representaban a una sociedad que vivía priorizando esta parte pública, conjunta. A partir de la Edad Media el uso de los baños se vuelve un hecho privado, lo que representa una sociedad menos cohesionada. En la actualidad el baño en el hogar hace referencia a un momento cultural en el que se prioriza no solo la higiene, sino también la estética, o incluso, la percepción personal. Es por ello, por este punto vital en el que estamos, por lo que tiene sentido que atendamos a este espacio concreto de nuestro hogar.

Este proceso de lectura del alma de los espacios se podría haber hecho con cualquier categoría o espacio de la casa, pero por algo hemos empezado por este en concreto. Empezamos por el baño porque es el núcleo de la casa, aunque, como hemos visto, sea el gran olvidado o incluso rechazado.

En muchas tradiciones y culturas se considera el baño como un elemento impuro. En algunos casos se habla incluso del baño como ese punto negro por el que se escapa la energía. No voy a profundizar mucho en esta perspectiva porque, aunque puede tener una justificación real según el punto de vista, lo cierto es que siento que tiene mucho más sentido compartir una visión amorosa y compasiva hacia este espacio.

En cierto sentido este es un acto de justicia. Es el espacio que nos muestra una mayor consideración, así que, ¿qué menos que darle una oportunidad antes de tacharlo de agujero negro energético? –Apunte: esta última reflexión, que tiene un regusto de queja, es una interferencia personal mía y no es del alma del baño. Su visión es mucho más neutra que la mía y no se toma nada personalmente–.

Lo que ocurre con el baño es que por las características del espacio actúa como un amplificador. Su potencial, que puede ser su maldición según como se use, es que magnifica aquello que ya existe.

TU VIBRACIÓN
Y EL CUARTO DE BAÑO

En ocasiones se habla del cuarto de baño como de un espacio por el que se escapa la energía, y en cierto sentido puede ser verdad, pero no porque el baño sea ese ente que chupa tu energía y se la lleva. Esta afirmación produce incluso risa si se tiene en cuenta la energía de este espacio que es puro servicio y compasión. ¿Cómo va un alma así a robar tu energía? Es incoherente. Lo que sí ocurre es que el baño va a magnificar aquello con lo que vienes. Si llegas al espacio con estrés y desatención hacia el baño y hacia ti, el baño va a reflejar eso a través de diversos canales, por lo que aquí el conflicto no está en el baño, está en ti.

Si yo uso el espacio desde una energía de rabia o desde una energía de prisa, esto se va a reflejar y se va a magnificar. Pero no tiene que ver con el espacio en sí, sino con la forma en la que estoy utilizando el espacio. Es una cuestión de energías, de vibración. El baño simplemente amplifica la vibración que está resonando en el espacio.

Por eso hay sistemas de organización, limpieza y orden en el espacio que no acaban de funcionar, porque su foco está solo en la distribución de los objetos en el espacio, y si no atendemos a la persona que habita el espacio no podremos conseguir un orden que vaya más allá de ella porque no es posible.

Casi todos los sistemas o procesos de orden y organización tienen esta perspectiva, y por ello tienen fecha de caducidad. Ordenas hoy, pones ese organizador hoy y al cabo de poco tiempo el caos vuelve. Por tanto, es normal que después se genere esa visión poco neutra o incluso haya un desprecio al baño, pero no es su culpa ni tampoco su responsabilidad, porque no es algo que el baño provoque de forma deliberada en tu contra. Es como tirar una cerilla a la chimenea y enfadarse con la chimenea porque la llama de la cerilla se ha apagado sin llegar a prender ese fuego que esperabas. La responsabilidad de que no haya fuego no es de la chimenea, es simplemente que el sistema que has usado para encenderla no basta por sí mismo. Aunque parezca lógico, está claro que para encender un fuego necesitamos una cerilla, pero hay más aspectos a tener en cuenta, pues lo mismo ocurre con el baño.

Necesitamos darle la vuelta a la tortilla. La armonía no consiste en poner un elemento armonizador de determinado color o forma en el espacio ni en tener organizadores de un determinado material en los cajones para que el espacio esté mejor y, como consecuencia, tú estar mejor; no funciona en ese sentido. No consiste en conseguir que el baño nos transforme en buenas personas, ni tampoco en conseguir que a través del baño nos sintamos mejor.

No es un proceso que va de fuera hacia dentro.

No es el baño el responsable de cómo me siento yo.

Es en otro sentido.

La responsabilidad sobre lo que estoy sintiendo a través del baño es mía, el baño solo actúa como amplificador de esa vibración que estoy emanando.

Es un proceso que va de dentro hacia fuera. Aquello que se me devuelve es aquello que estoy proyectando.

El baño recibe y amplifica lo que llevas contigo, solo eso. En el ejercicio que hicimos en un capítulo anterior en el que te pedía que pensaras en el baño y que observaras tu cara o lo que surgía. ¿Te acuerdas de qué surgió? Aquello que surge al pensar en el baño habla más de ti que del baño.

Este texto te va a guiar en un proceso diseñado por el alma de tu baño y te acompaña para ampliar el enfoque y ver más allá de la limitada impresión que ahora tienes de ti. Esta perspectiva está muy relacionado con tu nivel de conciencia.

Los niveles de conciencia son las frecuencias en las que vibramos y que determinan la calidad de lo que estamos viviendo, porque influyen en la forma en la que creamos e interpretamos las cosas.

Las personas interpretamos lo que vivimos desde una perspectiva u otra, desde un nivel de conciencia u otro.

La evolución en la escala de la conciencia no implica el superar unos niveles, sino el ampliar las miras. Aunque lo que somos realmente no cambia, lo que evoluciona es lo que consideramos que somos.

¿Para qué nos sirve esto de la vibración o el nivel de conciencia?, pues para poder reconocer cómo vemos la realidad, para ser conscientes de las gafas que llevamos puestas.

Imagina que vives una situación en tu vida que calificas como un problema, y que intentas sin éxito buscar soluciones a dicha situación. ¿Te lo puedes imaginar? Porque yo tengo ahora mismo un par de ejemplos personales sin rebuscar mucho, con los seres más cercanos.

Bien, pues ahora imagina que eres consciente de que la forma en la que estás interpretando la situación es lo que está generando el problema. Es como si te dieras cuenta de que la mancha que ves en el mantel no es del mantel, sino que es una mancha que tienes en las gafas. Eso lo cambia todo porque entonces tu energía no se centra en encontrar el mejor antimanchas para manteles de ese tejido y se centra en limpiar las gafas.

Vale, sí y ¿qué tiene que ver esto con el cuarto de baño? Pues que el baño, al ser ese amplificador, nos sirve para vernos, para ver nuestra vibración actual, para descubrir la forma en la que vemos y, sobre todo, interpretamos la llamada realidad.

El baño es tan generoso que todo lo que le das te es devuelto con creces.

El baño es un amplificador de la vibración que estamos emitiendo, no nos puede dar algo que no esté recibiendo.

Cuando miramos nuestro baño podemos ver aquello en lo que estamos vibrando. No solo por el espacio en concreto, sino por lo que nos decimos al mirarlo.

Si cuando miras tu baño piensas que la causa de su situación actual es tu pareja, o tus hijos, o si crees que debería de estar mejor, o si sientes que es perfecto... Sea lo que sea lo que veas al mirar, está diciendo más de ti que de tu cuarto de baño.

Seguramente, si estás leyendo estas líneas, no tienes un baño lleno de suciedad por todas partes, en el que se acumulan los pelos en las esquinas o en el que no te puedes mirar en el espejo por lo sucio que está. ¿Por qué no ocurre esto? Porque no es sostenible para tu vibración, no puedes llegar a este punto.

Alguien que se haya sentido atraído por este libro está en unos niveles mínimos de vibración que le han llevado a plantearse no solo el orden, sino atender el alma del cuarto de baño. Y eso es algo que solo puede interesar a personas que están en un punto concreto.

Más allá, más abajo no tiene sentido porque hay otros aspectos de la manifestación más importantes que el cuarto de baño, y este libro parecerá completamente incoherente, inútil o fuera de lugar.

Para unos niveles más elevados pasará lo mismo, pero al revés. Este libro carecerá de todo sentido y no habrá ningún interés en plantearse reconocernos en el baño porque se tiene conciencia plena de la unidad. Desde aquí no es necesario llegar a ella a través de una de sus partes, porque esta separación ni siquiera se ve, no existe la dualidad. Por lo que no tiene sentido atender a algo que no existe y que no es más que una ilusión.

Para el resto de mortales este proceso es revelador.

PRIMERA PARTE

«Dormía y soñaba que la vida era alegría,
desperté y vi que la vida era servicio,
serví y vi que el servicio era alegría».

RABINDRANATH TAGORE

DARLE ATENCIÓN AL BAÑO

Empezamos con la chicha de este proceso, pasamos a la acción y lo vamos a hacer por partes. No, no te preocupes, que no voy a hacer la broma de Jack el destripador. Vale sí, al incluirla ya la he hecho, me has pillado.

Ahora sí, vamos a lo que de verdad interesa, el baño y el primer paso de esta experiencia.

La primera parte consiste en empezar a darle atención.

Lo sé, la palabra gramaticalmente correcta sería prestarle atención, pero no tendría sentido. No podemos prestar atención al baño, se la damos, se la ofrecemos, se la entregamos, por una vez, sin esperar nada a cambio.

¿Y cómo le damos atención al cuarto de baño?

Puede que la respuesta, aunque obvia, te parezca poco atractiva: darle atención al baño es limpiarlo.

Por favor, no te vayas todavía, dame una oportunidad porque te aseguro que es algo diferente a lo que imaginas ahora mismo.

Te confieso algo, el título de este capítulo era: «Darle atención al baño es limpiarlo», pero he decidido cambiarlo porque sé que hubiera echado para atrás a muchas personas sin darle tan siquiera una oportunidad.

Y es que aquí no hablamos de ese tipo de limpieza hecha por obligación, esa que me tocaba a mí, semana sí, semana no y que detestaba.

Es otro tipo de limpieza.

¡Solo que sigue siendo limpieza!

Limpiar el baño es limpiar el baño, no te creas que tengo el secreto de Mary Poppins y que bastará con chascar los dedos para que todo quede impoluto.

Lo que sí que cambia es el enfoque a la hora de hacer ese proceso y te aseguro que no será tan sencillo como chascar los dedos, pero tampoco tan tedioso como las típicas limpiezas semanales.

Creo que cambiar el título ha surtido efecto porque todavía sigues aquí, me alegro. Gracias en nombre de tu baño.

Darle atención a tu baño es limpiarlo, pero este darle atención no es algo que hacemos porque «el baño tiene que estar limpio», «no podemos tener el baño en estas condiciones» o «ya toca limpiar el baño». Ninguna de estas razones, u otras similares que son las más generalizadas, son las que necesitas aquí.

Por ello, antes de nada vamos a ver qué no es darle atención o desde dónde no vamos a limpiarlo.

No darle atención (limpiarlo) porque alguien o nosotros mismos nos obligamos.

No darle atención (limpiarlo) mientras refunfuñamos por las personas con las que convivimos.

No darle atención (limpiarlo) porque viene alguien a casa y tengo que tener un baño decente.

Este tipo de argumentos tan comunes son muy poco atractivos y de partida conectan con una energía de esfuerzo que nada tiene que ver con el deseo genuino de dar atención.

Es como si quisiera que apreciaras una flor y para ello te obligara a sentarte delante de una rosa. Probablemente, lo que ocurra dentro de ti es que te sientes a la fuerza y que mires la flor, pero que no la veas. En vez de eso estarás pensando: ¿cuánto queda? ¿Pero qué sentido tiene mirar esta flor? Podría estar haciendo otras cosas… En esos momentos ya no estás dando atención a la flor, estás dando atención a tus pensamientos.

Dar atención no es algo que se pueda forzar, como con la flor. Si yo forzara que le dieras atención al baño lo que conseguiría es que le dieras atención a tus pensamientos.

Es por ello que este capítulo no se llama: limpiar el baño. Porque no tiene nada que ver con la forma en la que se suele limpiar el baño. Cuando limpiamos el baño desde los pensamientos que veíamos antes, como con la flor, lo que ocurre es que no estamos viendo al baño, estamos viendo nuestros pensamientos. Aunque estemos presentes, nuestra atención y presencia real está en otro lugar. No vemos lo que tenemos delante, vemos nuestros pensamientos sobre lo que tenemos delante. Puede parecer similar, pero es muy distinto.

En una de las versiones escuchamos y vemos lo que surge de forma genuina más allá de nosotros. En la otra versión, vemos nuestros pensamientos sobre eso que creemos estar viendo. Ver tus pensamientos sobre la limpieza del baño o incluso sobre el baño, no tiene nada que ver con «Ver el baño».

Dar o, mejor dicho, donar atención al baño es limpiarlo con amor.

Es darle atención como si fuera un bebé que depende de ti, que tienes que cuidar, que amas inmensamente y que quieres que esté limpio.

Cuando lavas a un bebé no estás pensando en otra cosa, estás ahí, totalmente presente, embriagado en esa maravillosa experiencia de limpiar al ser que amas.

Este tipo de enfoque es con el que nos vamos a mover a la hora de limpiar el baño y es la primera parte de esta aventura porque es nuestra forma de ofrecer nuestra gratitud a este espacio. Aunque también es el acto más egoísta que podemos hacer por nosotros mismos.

Por un lado, es nuestra forma de reconocer al baño y, por otro, es una forma de elevar nuestra vibración.

Si el baño amplifica nuestra vibración, si yo llego con una vibración de, «ay, este baño siempre está sucio» o «siempre dejáis cosas en medio», lo que amplifica es lo que está de base: la decepción, la frustración, la impotencia, el rencor...

Pero si yo llego al espacio con una vibración de amor, de «voy a cuidarte», «voy a atenderte», «voy a limpiarte», lo que amplifica este espacio es eso: el amor, la gratitud y la atención.

Y este cambio no parte del baño, parte de ti.

Aunque al final del proceso de limpieza, en un caso el de la frustración y en el otro el del amor, el baño esté aparentemente limpio de igual forma, en la base te aseguro que no es lo mismo, y también te aseguro que eso se nota. Se nota a nivel físico porque limpiar de una forma es mucho más cansado que limpiar de la otra y se nota incluso a nivel perceptivo, es como si el baño cambiara.

Pero sobre esto no te pido que me creas, te pido que vivas la experiencia. Lee la primera parte de este texto y después pasa a la acción.

El baño amplifica lo que tú ya llevas dentro. Solo puede amplificar aquello que ya está, no puede producir algo que no seas.

Y esto no tiene tanto que ver con características específicas físicas del cuarto de baño, sino con la energía del espacio.

Hay baños preciosos y nuevos en los que se van rompiendo las cosas. «Ahora esto gotea y justo se rompe esto otro». Parece mala suerte que se rompa una cosa y después otra, pero esto no es casual, no es aleatorio. Salvo excepciones, sucede porque el alma del espacio no está siendo reconocida y no tiene la energía que lo sustenta.

Es algo incluso lógico: aquello que no aprecias, no lo cuidas y, con el tiempo, se va rompiendo.

Por mi profesión he estado en cientos de casas de todo tipo y me he encontrado con muchas casas que se considerarían ancianas que tienen baños felices, y con otras que, siendo muy jóvenes, tienen baños muy castigados.

En las primeras las personas que los habitaban los cuidaban y por supuesto que había cosas que se iban rompiendo y se iban cambiando. Pero este era un acto natural, provocado por el uso cotidiano, no por la desatención.

En cambio, había otros espacios que siendo mucho más jóvenes estaban siendo maltratados, con cal que nadie se había molestado en quitar, con suciedad en las juntas, con cosas rotas...

La felicidad del baño no depende de su tamaño o de su antigüedad, depende de la atención y esa atención empieza por la limpieza.

El baño nos va a decir cómo quiere ser limpiado, y cuando lo escuchamos y actuamos desde ahí, todo se vuelve más sencillo.

La limpieza del baño deja de ser ese acto que genera pereza para convertirse en ese espacio de conexión con tu baño y contigo.

Al hacerlo de forma más amorosa se usan productos más amorosos que conservan mejor las características del espacio y la durabilidad de los elementos que allí habitan.

Al atender el espacio desde la escucha se ataja con antelación cualquier posible foco de desorden o de falta de limpieza, por lo que no se llega a enquistar la suciedad ni a instaurar un desorden sin control.

Sucede como con esa zarza que cuando es atendida en la más tierna infancia, cuando todavía es pequeña, es fácil de quitar, pero que cuando se desatiende, se deja de lado, crece y requiere después de mucha más energía para ser extirpada.

Con nuestro baño sucede lo mismo, cuando lo atendemos y lo limpiamos con el enfoque que él nos propone, el proceso es más amoroso, más divertido, más fácil y más duradero.

Este punto es importante: recuerda que esta petición no es mía, es algo que surge del alma del baño. El mérito de esta visión no es personal y en mi caso ha sido tan revolucionario como en el de las personas con las que lo he compartido.

EL ENFOQUE
EN LA LIMPIEZA DEL BAÑO

Así pues, el primer paso, y no es un paso superficial, es limpiar el baño con la energía de quien limpia a un recién nacido. Con la energía de quien limpia a un alma pura. Con la energía de quien limpia a un ser inocente que se ha ensuciado, que lo has ensuciado, que lo habéis ensuciado si vivís en unidad familiar.

Imagina que eres su madre y lo limpias.

Seas quien seas, ya seas un hombre, ya seas una mujer, se te pide conectar con la energía maternal, que no depende de tu edad ni de si tienes hijos ni siquiera de tu género. No tiene que ver con la forma en la que te manifiestas en lo físico o la forma en la que te representas o te reconoces. Tiene que ver con la energía materna que sustenta, la energía de la madre tierra que nos acoge, la energía del alma de los hogares.

El baño te está pidiendo esta energía materna de cuidado.

Por eso, el primer paso es limpiarlo desde aquí, limpiarlo como si fuera tu bebé –porque es tu bebé–, es reconocerlo desde esta perspectiva.

Probablemente descubras que incluso te emocionas en el propio proceso de limpiarlo, porque lo reconoces. Es conmovedor y en sí, revelador. En muchos casos, al limpiarlo desde aquí se siente que se ve por primera vez y se genera un espacio de perdón. Se reconoce que el baño es inocente, y no solo eso, es la inocencia pura.

El baño nunca te va a echar en cara que «no me has atendido», «solo me quieres para arreglarte por las mañanas», «siempre me tratas mal», «siempre hablas mal de mí». Nunca dirá eso, nunca un baño hará eso, nunca, porque en el alma de los baños no está esa perspectiva, no entra ese concepto ni esa forma de mirar.

El baño te mira siempre con cariño. Cuando tú te criticas a ti delante del espejo, el baño solo quiere decirte, «pero si eres pura belleza materializada». El baño no entiende esa forma de mirar distorsionada, mira de forma amorosa e inocente. Al limpiarlo podrás empezar a conectar con esa forma de mirarlo a él y así abrirte a la posibilidad de mirarte a ti desde esa perspectiva. Ojalá pudieras verte como te ve tu baño.

Por eso, limpiar el baño es un ejercicio de empezar a escucharlo, porque el baño solo quiere amplificar el amor que somos. Solo quiere que le **permitamos** amplificar el amor que somos.

Antes de continuar con la segunda parte de este texto vas a necesitar limpiar tu cuarto de baño con mimo y con atención.

Nada de «ay, está aquí esta mancha que no se va», no, no es desde ahí.

Puede que se quede alguna mancha, y no pasa nada.

Puede que haya algún desconchón, y no pasa nada.

Puede que haya unas juntas que no se acaban de quedar limpias, y no pasa nada.

No se te invita a limpiar desde la búsqueda de la perfección. Es desde el reconocimiento y el amor por el espacio.

Y si queda alguna mancha, está bien. El baño no se va a enfadar. Y si queda un desconchón, está bien. Y si no llegas a un rincón porque no tienes ese instrumento que necesitas para llegar ahí, pues no pasa nada. Y si tienes menos tiempo y solamente puedes hacer una parte, pues no pasa nada.

Recuerda que el baño es inocencia pura y te mira desde ahí. Cualquier atención que le brindes desde esa atención amorosa lo va a valorar y lo va a amplificar.

Eso sí, no lo hagas con prisas.

Es más importante la energía desde dónde limpias que cuánto vas a limpiar.

Lo voy a repetir para que no se te olvide, lo crucial es la energía desde dónde limpias, no cuánto vas a limpiar.

Podrías tener el baño entero limpio, pero si la energía de la que sale es de «tengo que limpiar el baño y así puedo continuar con otra cosa que me apetece más», ni siquiera estás presente.

Imagínate lavar a un bebe, bañar a un bebé y estar pensando lo que tienes que hacer mañana. ¿Verdad que es pura incoherencia? Es algo incluso inconcebible.

Un bebé es un ser tan puro que solo quieres estar ahí limpiándolo, y estás completamente entregado o entregada a eso. En ese momento, tu misión fundamental en la vida es lavar a ese bebe. Ocurre lo mismo con el baño.

Como si fuera ese bebe, es la misma energía de limpiar, de atender, de reconocer el cuarto de baño.

Y si no te da tiempo a limpiarlo todo, no pasa nada. Pero lo que limpies hazlo desde ahí.

Si lo haces desde ahí, probablemente empezarás a descubrir en el proceso que hay una sonrisa que se dibuja en tu cara, porque empiezas a ver el alma del baño.

Empezarás a ver que tu cuarto de baño, aunque no haya cambiado tanto, empieza a cambiar, puede que solo pases el paño y empieces a ver un brillo diferente, aunque todavía queden partes desatendidas.

Puede que incluso, aunque tu baño ni siquiera tenga ventanas, empieces a ver que tiene más luz.

Empezarás a notar cambios sutiles provocados por la forma en la que lo estás atendiendo.

Vamos a empezar a hacer brillar el alma del baño, porque es lo que desea y es lo que tú deseas, aunque todavía no lo sabes.

En el siguiente capítulo resolveremos algunas dudas que te pueden surgir en el proceso y después podrás ponerte manos a la obra.

DUDAS SOBRE EL BAÑO

¿Qué hago si tengo más de un cuarto de baño?

Si tienes más de un baño te invito a enfocarte en uno de ellos y hacer todo el proceso. Después, solo si surge ese impulso genuino, podrás continuar con el otro en otro momento.

Prioriza el baño en el que haya más objetos tuyos, ese al que normalmente vas para arreglarte por las mañanas.

Si vas a más de uno por las mañanas, entonces enfócate en este baño en el que los objetos hablan de ti, en el que eres responsable del volumen y la cantidad de objetos que se quedan en ese espacio.

¿Qué ocurre si es otra persona la que normalmente se encarga de la limpieza del baño?

Aunque sea otra persona la que se encarga normalmente de la limpieza del baño, hazlo tú por esta vez. No quiere decir que tengas que hacerlo siempre a partir de ahora, solo que necesitas vivir la experiencia para conectar con el alma de tu baño y empezar a verla.

¿Y si mi baño ya está limpio?

Puede que leas este texto y que tú u otra persona acaben de limpiar el baño, no pasa nada, hazlo de nuevo. Recuerda que el valor de este proceso no tiene nada que ver con el volumen de suciedad que consigas quitar del espacio, sino con el enfoque del mismo, con tu vibración en la acción.

¿Puedo hacer que otras personas con las que convivo limpien el baño de esta forma?

En ocasiones este proceso puede ser tan revelador que nos entran ganas de compartirlo con todo el mundo, pero no podemos forzar este paso porque sería contraproducente. Aunque puedes proponerlo recuerda que el baño nunca generaría discordia dentro del hogar, así que no lo hagas tú porque entonces pasa a ser una imposición personal y deja de ser un acto amoroso del alma.

¿Con qué productos limpio el baño?

Antes de nada me gustaría dejar claro que esto es secundario, es más importante desde dónde limpias el baño que con qué limpias el baño. Usa los productos que sean armoniosos para ti. Habrá para quien esto signifique usar aquellos productos que ya tiene y, en otros casos, puede que esta sea la ocasión para hacer con los productos de limpieza ese cambio que se siente.

Solo si sientes que este segundo caso es el tuyo te recomiendo el libro que tengo sobre limpieza amorosa.

SEGUNDA PARTE

«¿Sabes por qué yo estoy guapa? Porque el brillo
de los ojos no se opera, porque lo que sientes
por dentro te sale a flor de piel».

LOLA FLORES

No sigas leyendo si no has limpiado el baño! Si solo lo lees, este libro no te va a servir para nada más que para abrirte a estas ideas, cuestionar algunos de tus pensamientos recurrentes y fortalecer otros que ya tenías.

Si quieres no solo pensar sobre lo que aquí está escrito, sino vivirlo, que es para lo que fue creada esta obra, la invitación que te hago es a que pares ahora y a que no vuelvas sobre sus páginas hasta que no hayas hecho la primera parte del proceso.

Cuando hayas hecho la limpieza con alma, esa limpieza de atención y reconocimiento, entonces ahí sí podrás continuar con este texto.

Dedica quince, treinta minutos o el tiempo que tengas para vivir en tu propia piel esta limpieza.

Cuando lo hayas hecho vuelve aquí, que continuaremos con la segunda parte.

Esta limpieza no es solo para el baño, es también para ti y te vendrá bien en esta segunda parte.

VÍSTETE PARA LA OCASIÓN

Hasta ahora nos hemos enfocado sobre todo en el baño, y en este capítulo vamos a empezar a dirigir la mirada hacia ti.

¿Cómo te has vestido?

Lo sé, esta pregunta fuera de contexto suena un poquito rara. Normalmente no voy por ahí preguntando a la gente cómo va vestida.

Bueno, esto que te acabo de decir es falso. A menudo lo pregunto, sobre todo en mis formaciones sobre orden, porque la ropa que usamos tiene un sentido, lo reconozcamos o no.

Para darle sentido a esta pregunta necesito que volvamos al concepto de la vibración y de los niveles de conciencia. Las personas tenemos un nivel de conciencia prevalente, que es el nivel en el que estamos la mayor parte del tiempo.

Nuestra vibración o nivel de conciencia evoluciona a lo largo del tiempo y puede ir en un sentido o en el contrario. Recuerda que esta afirmación solo es verdadera para un rango de niveles, porque desde la perspectiva de los niveles de conciencia más elevados no existe el tiempo y todas las personas estamos ya iluminadas, solo que no podemos reconocerlo debido a nuestra perspectiva.

Empleando el lenguaje para explicar la evolución, que solo es real hasta cierto punto, vemos que no es que ascendemos y dejamos atrás un nivel, sino que cada nivel «superior» nos lleva a una visión más amplia y comprensiva de lo que estamos viviendo. Comprensiva entendido no como entender algo sino contener e incluir, cada nivel «superior» incluye al nivel precedente. No dejamos nunca de ser lo que somos, lo único que cambia es lo que creemos que somos, y eso determina nuestro nivel de conciencia prevalente.

Pues bien, los niveles de conciencia afectan a la forma en la que nos vestimos. De hecho, dentro de la escala de Hawkins[3] las personas se visten de forma diferente según dicho nivel de conciencia.

En los niveles más altos y más bajos de la tabla, el tipo de prendas que se usa son similares porque en ambos casos puede parecer que la ropa no es importante. Las personas en los niveles más bajos y más altos pueden perfectamente vestir con harapos. La diferencia es que en los niveles más bajos podrían estar sucios, mientras que en los niveles más altos estarían limpios, pero estos niveles tan aparentemente lejanos pueden perfectamente compartir el fondo de armario.

---

3. Escala de los niveles de conciencia de David R. Hawkins.

En los niveles intermedios, que es donde nos vamos a enfocar y donde seguramente te encuentras, sí que tiene sentido que miremos tu ropa, y es solo en este contexto donde esta pregunta no está fuera de lugar. Es por ello que para esta segunda parte, que vamos a emprender junto con tu baño, quiero que seas consciente de cómo te vistes y para ello te voy a hacer una petición especial. Quiero que te pongas algo bello, algo que tú consideres bonito.

Mi pareja es de Italia, y allí la apariencia es culturalmente fundamental. Hace poco vinieron a visitarnos sus padres y una tarde tomando algo en un bar, la madre, aunque sentía frío, dudó sobre si ponerse o no la chaqueta que llevaba porque estaba arrugada. En ese momento recordó que estaba en España y se la puso, pero posiblemente en su pueblo no lo habría hecho.

A los pocos días, en un contexto diferente, una madre me decía que su hija de dos años había empezado a elegir su ropa y que ya no le valía cualquier cosa, mientras que su hijo de seis años pasaba de estas cosas la mayor parte del tiempo. ¿La mayor parte del tiempo?, le pregunté con curiosidad. Sí, esto cambia los domingos, puntualizó. Pau, el hijo de seis años, sabía que cuando quedaba con los abuelos tenía que ponerse «algo bonito», y ese algo bonito para sus abuelos era una camisa. Por eso, cada domingo que iban a comer a casa de los abuelos, él se ponía camisa.

Creo que todas las personas, de una forma u otra, hemos crecido con este tipo de condicionamientos. La idea de «arreglarse» porque es domingo o para quedar con una persona determinada o, sencillamente, ponerse «algo bonito» suele estar influida por la mirada del otro, como en el caso de Pau, o por lo que se quiere o no aparentar, como en el caso de mi suegra.

Aunque hablo de otras personas, lo cierto es que yo me puedo reconocer en ambos movimientos, sobre todo en ocasiones concretas como puede ser un evento de trabajo, y sospecho que tú también puedes reconocerte si reflexionas al respecto.

En muchos casos, como en el de la madre de mi pareja, podemos vestir de determinada forma o incluso pasar frío para evitar ser juzgados; en otros, como en el ejemplo de Pau, podemos vestir de modo distinto porque es lo que creemos que va a agradar más.

Quería hacer esta aclaración porque lo que te voy a pedir aquí es diferente y necesito mostrar estos puntos para que veas que no es desde ahí. Cuando te pido que te vistas para la ocasión no me refiero a vestirte para que parezca que te has arreglado según la visión de otra persona o lo socialmente aprobado, y tampoco es esa prenda «bonita» que te hace pasar desapercibida o evitar juicios ajenos. El valor de la belleza no viene determinado por lo que no desentona con lo que otras personas esperan que te pongas, viene determinado por lo que te inspira y te parece bello.

En ocasiones, como en el caso de Pau, vamos a necesitar cuestionarnos, porque puede que el impulso automático sea ponerse la camisa que les gusta a los abuelos. Por ello, tómate tu tiempo para asegurarte de que lo que eliges es realmente aquello que te conmueve, que está vivo a nivel interno.

Estamos acostumbrados a plantearnos la belleza desde aquello que parece bonito a otras personas, y es por ello por lo que las campañas de moda nos afectan, porque tenemos la tendencia de plantearnos lo bello no desde una perspectiva de cuestionamiento interno, sino desde lo que estoy acostumbrado a ver.

El tipo de belleza al que hago referencia en esta parte no tiene que ver con lo que se lleva, con lo que se considera bello, sino lo que para ti es bello.

Y aquí añadimos otro factor: tampoco tiene que ver con las veces que lo usas. A veces hay cosas que consideramos bonitas pero que no utilizamos. Esto es algo que se vería en profundidad en el alma de la ropa, aquí hay mucha chicha en la que no vamos a entrar porque estamos en el baño, pero te adelanto que no decidas desde la frecuencia de uso.

No te vistas para nadie, vístete para ti.

No decidas por la frecuencia de uso, pues no siempre lo que más utilizas es lo más bello.

¿Qué es bello para ti ahora? Esa belleza tiene que ver con lo que te inspira en este momento. Puede que para cierta persona algo bello, si lee este texto en invierno, sea un precioso pijama calentito porque siente que es lo que necesita; mientras que para otra persona, o incluso para esa misma en otro momento, algo bello pueda ser un vestido largo con un tocado elaborado.

Puede ser algo que no hayas usado casi o que te pongas todos los días. Puede ser algo que emplees normalmente para actividades físicas o puede ser algo que utilices para otro tipo de actividad. La única condición es que te parezca bonito ahora, que sientas que es bello, solo eso.

Para este próximo paso necesitas llevar algo que te represente en tu vibración más elevada y eso lo podemos identificar gracias a la belleza.

Apunte importante: no es lo mismo que algo nos parezca lo menos feo o que nos parezca bello, son dos conceptos muy diferentes.

Aunque puede parecer similar. Lo que está menos mal de nuestra ropa no es igual a lo que consideras bello.

Necesitas algo que te represente en tu vibración más elevada. En algunos casos verás que coincide con la versión que muestras al mundo y puede que eso bonito sea algo que usas a menudo. En otras ocasiones puede que no sea así o que incluso no sientas que nada de lo que tienes es especialmente bello o que hace sonreír a tu alma.

En esos casos puedes simplemente usar un complemento, un pañuelo, unos pendientes, un collar, un anillo, unos zapatos… Algo que consideres que es bello, que te inspira, que hace brillar a tu alma y que refleja la armonía que eres.

Si tampoco tuvieras nada de esto puedes hacer algo aparentemente invisible como lavarte la cara e hidratarla o darle atención a tu cuerpo.

Vestirse para la ocasión es imaginar que vas a tener una cita con alguien que amas. Una persona con la que querías quedar desde hace mucho tiempo y por fin tenéis vuestra cita programada, una persona que te ama incondicionalmente y que te va a valorar tanto si apareces en pijama como si llegas con un atuendo más elaborado, le da igual siempre que sea algo armónico para ti.

¿Qué te vas a poner? ¿Cómo te vas a arreglar? ¿Qué significa para ti algo bello en este sentido?

Esto es lo que te pido que hagas en esta segunda parte, que te vistas para la ocasión.

El grado de implicación a la hora de vestirte para la ocasión depende de tu disponibilidad, porque el baño no te va a exigir más de lo que puedes dar.

Voy a repetir esta frase: el baño no te va a exigir más de lo que le puedes dar.

Si tienes cinco minutos, a no ser que seas Flash[4], no te va a dar tiempo a ducharte, te dará tiempo a lavarte la cara y vestirte. Pero si tienes más tiempo, quizá te duches y hagas aquello que sea coherente con tu tiempo y energía.

---

4. Este concepto puede hacer referencia a dos personajes: Flash, el superhéroe que es muy rápido, o Flash, el perezoso de la película *Zootropolis* cuando conduce. En ambos casos hablamos de un personaje con una velocidad muy por encima de la media.

Eso sí, antes de vestirte lee el siguiente capítulo que hay algo más que me gustaría contarte.

¿CÓMO TE VISTES PARA LA OCASIÓN?

En el capítulo anterior hemos visto qué te vas a poner o, al menos, cómo decidir qué ponerte para quedar con el baño. En este capítulo vamos a ver cómo vestirte para quedar con tu cita.

Aquí no rige eso de que no se puede ver a la novia antes de la boda. El baño puede verte, y puedes prepararte allí mismo. No hace falta que te laves la cara en la cocina o nada por el estilo.

Esta quedada, de hecho, es más sencilla que otras de tus citas porque aquí todo se agiliza. Normalmente, vas al baño para prepararte y después te desplazas, pero en esta ocasión vas al baño para prepararte y, al acabar, no necesitas irte muy lejos porque has quedado allí mismo.

Es por ello que el título de este capítulo no hace referencia a dónde te pones lo que te pones, tampoco a qué te pones, sino a cómo te pones lo que te pones. Esta última parte, que se parece mucho al trabalenguas de Pablito clavó un clavito, es nuestro foco ahora: cómo te pones lo que te pones.

Recuerda que te estás preparando para tu cita con tu baño, reconociendo al baño como esa alma pura con la que quieres quedar desde hace muchísimo tiempo y con la que, por fin, te vas a poder encontrar.

Prepárate desde esta perspectiva.

Este paso enlaza con el que habíamos dado en la primera parte de limpiar el baño porque en esta segunda parte es en la que te vistes. Ambos pasos son igualmente importantes porque ponen el foco en esos aspectos invisibles que en ocasiones pasamos por alto, pero que son la base de lo que manifestamos en lo que llamamos realidad.

De todas formas recuerda que el grado hasta el que puedas llegar va a depender de ti: habrá quién se duche y quien tan solo se lave la cara. No importa tanto que seas del primer o del segundo grupo, sino la energía con la que te prepares.

El baño es un amplificador por lo que solo va a amplificar aquello que ya está. Si te vistes deprisa y con estrés, «ay, me han dicho que me tengo que poner algo bonito», y esa es la energía base, es mejor que no lo hagas. Si lo haces desde ahí repites el mismo bucle, la misma energía de estrés y frustración por muy bella que sea la ropa que te pongas.

En este proceso no solo estamos atendiendo al resultado, a lo que se ve con los ojos físicos, también estamos visibilizando el aspecto más sutil, lo que está por detrás. Tu alma, el alma del baño.

Puedes ponerte el traje más lujoso del mundo, pero si lo haces desde la queja por la falta de tiempo, por tu cuerpo o por la prenda que has elegido, esa energía es la que vas a llevar a tu cita. Aunque por fuera estés radiante habrá algo impregnado, aparentemente invisible, que será perceptible para los ojos de la energía.

Este texto mira con esos ojos: hay cosas que a las personas nos pueden parecer importantes y, al baño, totalmente irrelevantes. Por ejemplo, para una persona puede ser muy diferente que alguien se lave solo la cara o se dé una ducha completa; en cambio, al baño no le va a importar que te laves todo el cuerpo o solo un cinco por ciento.

Y, al contrario, hay aspectos, como la energía desde la que limpias, o desde la que te lavas o te vistes, que las personas podemos pasar por alto, pero que para el alma del baño son esenciales.

Por eso, si no vas a vestirte desde el disfrute, la entrega, el entusiasmo, la felicidad o la gratitud hacia tu baño, no lo hagas. Simple y llanamente. Porque entonces deja de tener sentido.

Si quieres un baño feliz, y hemos visto que el baño amplifica lo que ya existe, lo que te está diciendo tu baño de forma clara y concreta, es:

No vas a ser feliz en un futuro cuando tu baño esté feliz.

No vas a ser feliz en un futuro cuando tu baño esté limpio.

Tampoco vas a ser feliz en un futuro cuando te pongas esas prendas bonitas.

El ser feliz no es el efecto de una causa que tiene que ocurrir.

No es el resultado de tener un baño ordenado.

No es el resultado de vestirte de una u otra forma.

Ser feliz es el requisito previo.

No es algo que vayas a alcanzar, es algo que necesitas llevar de base.

Tu baño no te va a hacer feliz a ti, tú vas a hacerlo feliz a él a través de ser feliz tú. El baño solo va a amplificar tu energía y, si queremos un baño feliz, el único modo de conseguirlo es a través de tu felicidad.

Y la única forma de que conectes con esa felicidad es que estés presente, que te abras a la posibilidad de ser feliz en cada parte del proceso.

Por eso es incluso más importante el CÓMO se pone Pablito lo que se pone a QUÉ es lo que se pone Pablito, o DÓNDE se pone Pablito lo que se pone o CUÁNTO tarda Pablito en ponerse lo que se pone.

Vístete para la ocasión, para ti, para tu baño y disfruta de esa acción.

Hazlo desde la gratitud, la felicidad, el entusiasmo, la dicha, la inspiración, la conexión, el amor, el reconocimiento... Permite que aflore aquella sensación que esté más conectada contigo y ábrete a disfrutar de esta aventura porque vas a descubrir algo esencial también para ti.

LA BELLEZA EN TODO

Cuando crecemos parece que nos olvidamos de que la belleza está en todo. Si has estado en contacto con algún niño seguro que recuerdas más de una ocasión en la que se han parado, justo cuando tenías prisa, a contemplar algo que para ti era superfluo.

¡Venga, vamos! Puede que hayas dicho. Mientras, agarrado a tu mano, tienes a un niño con los ojos como platos que observa con asombro algo que para ti es aparentemente insignificante.

Ese niño tan vivo, que se sorprende, que admira la vida en todo su esplendor, que reconoce la belleza en todo, todavía vive dentro de ti.

La mayoría de las personas al crecer dejamos de ver la belleza en todo, dejamos de maravillarnos por lo que nos rodea y vivimos atrapados en nuestros pensamientos sobre la realidad, esos que nos privan de ver lo sagrado en lo cotidiano.

A través del alma del baño podemos entrar en contacto de nuevo con esa inocencia interna que se sorprende por lo aparentemente más insignificante.

Cuanto más nos entregamos al alma de nuestra casa, con las distintas características que tiene cada uno de los espacios y categorías, hay más belleza dentro de nosotros y vemos más belleza fuera.

Cuando empiezas a reconocer la belleza fuera, cuando sales de tus bucles de pensamientos para atender de forma genuina y amorosa a tu baño, algo cambia a nivel interno.

Hace poco veía un reportaje de un fotógrafo que se había dado cuenta de que los ojos de las mujeres cambiaban después de ser madres. Es por ello que quiso hacer un experimento, eligió a un grupo de mujeres embarazadas y les hizo fotos durante el embarazo y unos meses después de ser madres.

Entre un retrato y el otro había tan solo unos meses de diferencia. Mi primer pensamiento fue que teniendo en cuenta que a la mayoría de mujeres les faltaban horas de sueño, el segundo retrato debería de mostrar a mujeres en peor estado o al menos con peor apariencia física, pero eso no es lo que vi. En la mayor parte de estas fotografías las mujeres se mostraban con menos maquillaje, aparentemente más «desaliñadas» y con una imagen más desenfadada, pero lo curioso es que esta apariencia menos «cuidada», según el estándar social, les daba un toque de sencillez que realzaba la belleza natural de cada una de ellas. Todas estaban más bellas en la segunda imagen. Y eso sin tener en cuenta el brillo especial que desprendían, especialmente sus ojos. Había algo indescriptible, una luz especial que emanaba de sus segundos retratos.

Y es que la belleza no es algo que creamos de forma artificial a través de esos elementos decorativos que añadimos externamente. La belleza es algo natural e innato en toda la vida, es algo que se emana desde dentro hacia fuera y que va más allá de los cánones estandarizados.

Ya lo decía Lola Flores: «¿Sabes por qué yo estoy guapa? Porque el brillo de los ojos no se opera, porque lo que sientes por dentro te sale a flor de piel».

Algo similar ocurre con las personas en los procesos de orden con sentido, de hecho en algún punto me he planteado pedir a las personas que se hicieran una foto antes de empezar a ordenar y otra después. Puede que después de escribir este texto lo haga o incluso puede que quieras hacerlo tú. Lo que yo veo es que hay una belleza que está ahí, no es algo que se genera, es algo a lo que dejamos espacio y se libera cuando nos permitimos vernos.

Y empiezo a sospechar que la causa es similar a lo que ocurre con las madres: cuanto más amor damos, más luminosas estamos.

El amor y la entrega genuina liberan a nivel interno tu armonía de una forma que espero que puedas descubrir.

Este proceso te conecta con una dicha que está mucho más allá de los pensamientos. Y eso empieza desde el momento cero.

Si estás aquí y ya has limpiado el baño estoy segura de que lo has empezado a notar. No es lo mismo limpiar el baño pensando en otras cosas que hacerlo estando presente. No es lo mismo limpiar el baño por obligación que hacerlo con devoción. Lo que normalmente pasamos por alto es que la devoción implica la decisión de querer aquello que se está haciendo.

No es lo mismo limpiar el baño porque tienes que limpiarlo, que limpiarlo porque quieres limpiarlo.

En un caso es algo impuesto desde fuera que normalmente no queremos; en el otro es algo elegido que queremos hacer, y esto lo cambia todo.

Esto empieza desde el momento en que limpias el baño, esto empieza desde el momento en que te vistes.

Está todo relacionado.

Cambia tu forma de mirar y, al hacerlo, cambia el espacio. No porque haya cambios en el espacio, que los habrá, sino porque cambia tu perspectiva, el foco deja de estar en ti. Y ese es el mejor regalo para ti. Sí, has leído bien, que el foco deje de estar en ti es el mejor regalo para ti, y en los próximos capítulos vamos a descubrir por qué.

ELEMENTOS FÍSICOS QUE NECESITAS

Este proceso tiene en total cuatro fases.

Una primera fase, la limpieza, para la que has necesitado una serie de elementos físicos o productos que no he especificado, porque es algo que depende de cada persona.

Después de esto, en una segunda fase, te he pedido que te vistas para la ocasión, que elijas algo bello y que seas consciente de cómo te vistes, que pongas atención no solo a lo que te pones, sino a la energía desde la que te vistes.

La ropa es un preparativo para una tercera fase del proceso para la que vas a necesitar primero vestirte y, después, tener unos elementos físicos concretos que te quiero comentar ahora.

Por un lado, unas bolsas de basura. ¿Cuántas? Depende de cada persona. Sigue tu intuición para decidir. Si eres de esas personas que se estresan cuando te dicen que uses tu intuición, entonces te dejo unas pautas: si has hecho el curso de la casa conmigo, con una pequeña será suficiente; si has hecho alguna revisión por tu cuenta, quédate con dos, y si no has hecho revisión alguna y sientes que tienes muchos objetos de más, entonces deja a mano al menos tres.

El alma de tu baño no está enfocada en tener el baño perfecto, ni siquiera lo está en tu concepto de orden, por lo que habrá casos en los que haya cambios sustanciales y otros en los que casi no haya movimiento de objetos.

Que no te asuste el hecho de que te pida disponer de bolsas de basura, que las tengas no quiere decir que vayas a usarlas. Están por si fueran necesarias, porque en muchos casos en los baños hay exceso, pero nadie te va a obligar a dejar ir algo que no estés preparado para dejar ir.

Y recuerda que este no es un proceso de orden al uso, aquí el foco es otro, es la felicidad de tu baño, y te aseguro que tu baño nunca te hará hacer algo que no sea armónico para ti.

¿Recuerdas que hablamos de los niveles de conciencia?

Pues también van a afectar a los siguientes pasos de este proceso. El baño solo nos va a llevar a ampliar nuestra visión unos pasos más allá de nuestra visión actual, nunca nos hará dar un salto cuántico a un nivel mucho más elevado si no estamos preparados para ello.

Por eso puedes relajarte y disfrutar, porque tu proceso va a depender de tu punto de partida, de la comunicación que tengas con tu baño y de tu apertura a la armonía.

Pase lo que pase en este sendero, todo está bien. El alma de tu baño te guiará para que puedas saber cómo tomar las decisiones cuando el centro no eres tú.

En esta aventura no vas a poner el foco en qué te aporta valor, en qué has usado o no has usado... Esta vez el foco está en tu baño, y las claves para tomar decisiones te las brinda él.

Además de las bolsas hay otros elementos que vas a necesitar: un cuaderno y algo para escribir.

Un cuaderno bonito, ese cuaderno que te inspira, que tenías ahí para algo y no sabías para qué.

Si no tienes ese cuaderno u otro cuaderno que te parezca bonito, puedes usar algo tan sencillo y puro como un folio.

Ya está, solo necesitas vestirte para la ocasión, tener alguna bolsa de basura y algo para escribir.

Seguimos...

RUIDO INTERNO

Cuidado con el ruido interno a lo largo de todo el proceso.

El ruido interno son esos pensamientos que, como moscas, llegan atraídas por el aroma de la autocrítica, cuando parece que hay algo que podrías estar haciendo mejor o te cuestionas si lo estás haciendo suficientemente bien. Cuando esos pensamientos huelen esa crítica camuflada bajo la posibilidad de mejora se activan y empiezan a revolotear en tu interior. Los reconoces porque no se van con facilidad, te hacen sentir mal y te juzgan.

Por ejemplo: si no tienes un cuaderno que consideres bonito puede que tu mente se vaya a: «debería tener cosas bonitas», «no me cuido lo suficiente»...

Este tipo de pensamientos son los pensamientos mosca y sí, son ruido interno porque su zumbido, aunque parezca que quiere tu mejora, en realidad, solo te hace sentir peor.

Cuando sientas que estas moscas se activan tienes un recurso muy válido que siempre te va a funcionar para conseguir que se vayan: quitar el foco de ti.

Como verás, estos pensamientos están cargados de juicio hacia ti, por lo tanto, al quitarles el ingrediente principal de su alimento cambiando el foco de tu atención, de forma natural, desaparecerán porque los estás dejando sin alimento.

Es por ello que en esta propuesta el foco no eres tú, el foco es el baño y lo usamos, en este caso también, para desactivar el ruido interno.

Si tu mente se va a la crítica o al juicio, vuelve al baño.

Estás entregado al alma del baño. Sal de ti, y si no tienes un cuaderno bonito coge tu folio y disfruta del proceso.

Da igual que no tengas el cuaderno «perfecto», da igual que no tengas la ropa «ideal», da igual porque lo que tienes es lo que necesitas. Es perfecto, sea lo que sea, porque es lo que es.

Es importante que desde el principio mantengas a raya a esos pensamientos que zumban en tu interior y que este recurso lo tengas a lo largo de todo el proceso, porque solo desde ahí te vas a poder abrir al disfrute y al amor.

Vuelve siempre que lo necesites a poner el foco en el baño porque él te va a sostener de forma desinteresada y completamente amorosa.

Nunca te va a echar en cara lo que «deberías de» o «tendrías que», cualquier cosa que empiece de esta forma es ruido mental y no proviene del alma de tu baño. Vuelve a él siempre que te escuches pronunciar verbal o mentalmente estas palabras o algunas similares.

Siempre que notes que el peso del perfeccionismo se posa sobre tus hombros, siempre que sientas que en vez de caminar con alegría te arrastras, tan solo vuelve a tu baño.

Estoy segura de que conoces estos pensamientos, estoy segura de que reconoces esa sensación de ruido interno y también estoy segura de que esta solución te puede parecer lacia o simplista, y por eso te pido que la pruebes antes de descartarla.

A lo largo de los años me he dado cuenta de que lo que realmente funciona en mi día a día es sencillo, que lo que parece demasiado complicado no es sostenible. Que el disfrute es simple y el alma de nuestros cuartos de baño también, pero no por ello carente de profundidad. Me he dado cuenta de que lo sencillo es importante y que lo importante es sencillo.

Hay una palabra en la lengua índica pali que hace referencia a este ruido interno o reactividad: *papancha*. **Papancha** quiere decir proliferación mental. Por ejemplo, si estás caminando y sientes un perfume a flor de azahar, si piensas «oh, no, ha llegado la primavera, seguro que dentro de nada empiezo con la alergia. Puede que tenga que tomarme la medicación, entonces tendré sueño y no podré trabajar bien. ¿De qué vendrá la alergia? Debería de encontrar la raíz a ver si consigo quitármela» Esto es **papancha**. Si lo analizas, lo que ha pasado físicamente es que has notado el olor de una flor, solo eso, el resto de pensamientos enlazados son **papancha**. Esta forma de actuar es muy humana, lo hacemos todo el tiempo, es nuestra mayor adicción:

pensar. Nos pasamos el tiempo preocupándonos, recordando momentos del pasado, comparando, haciendo planes, queriendo que las cosas sean de forma diferente.

La **papancha**, o voz dentro de nuestra cabeza, nos dice que una vez que todo esté ordenado y a nuestro gusto, podremos encontrar la paz. El alma nos dice que primero encontremos la paz y que, desde ahí, todo encajará de forma armónica.

TERCERA PARTE

«La voz dentro de nuestra cabeza nos dice que
una vez que todo esté ordenado y a nuestro gusto
podremos encontrar la paz.
El alma nos dice que primero encontremos la paz
y que, desde ahí, todo encajará de forma armónica».

En esta tercera parte vamos a sentir el espacio y a usar una oración específica para empezar a comunicar con el alma de tu baño.

En la primera parte has limpiado el baño con esa energía tan especial.

En la segunda parte has elegido qué vas a ponerte y te has hecho con los elementos físicos que necesitas.

En esta parte te explicaré el proceso que vas a seguir ahora.

Si dispones de tiempo puedes prepararte para la ocasión, vestirte y leer los próximos pasos ya en el baño.

Si no dispones de tiempo suficiente puedes leer el contenido y, después, vestirte para hacer el proceso.

En un principio, el baño dispuso que la opción de vestirse y después leer el texto desde el baño fuera la opción elegida, y es por lo que verás que el texto está escrito con esa perspectiva. Igualmente, y conociéndolo, estoy segura de que no le parecerá mal si alguien necesita hacerlo en dos partes.

EMPEZAMOS EL PROCESO: SENTIR EL ESPACIO

Para este primer paso necesitas estar leyendo en tu cuarto de baño.

Como te decía, esta parte está escrita tal y como el alma del baño quiso que estuviera escrita, y es por ello que verás que hace referencia a seguir esta lectura desde el baño una vez que te hayas vestido para la ocasión. Si no puedes hacerlo en el momento puedes leer estas líneas y después, en otro momento, aplicar lo leído.

Si optas por esta segunda posibilidad, trocear el proceso primero leyendo y en otro momento vistiéndote y aplicándolo, necesitarás releer esta tercera parte del texto antes de empezar. Por ello, te recomiendo que te lleves el libro al baño y que hagas una segunda lectura allí mientras te pones manos a la obra. La mente puede tener amnesia selectiva y olvidar «justo» aquellas partes que más necesitas.

Ya estás vestido o vestida para la ocasión y tu baño está limpito.

Cierra los ojos y siéntelo, siente a tu cuarto de baño.

Aquellas personas más sensibles puede que tengáis alguna visión, sensación corporal o incluso certezas.

En cambio, puede que haya personas que no sientan «nada especial» y que «simplemente» aprecien algunos detalles que quizá hasta ahora se les habían pasado por alto o que ahora ven con una luz especial.

Todo está bien, sientas lo que sientas, recuerda que no hay errores. Si sientes que tu energía baja y te descubres cuestionándote o creyendo que lo que vives tendría que ser diferente, entonces es que te has llenado de ruido, de pensamientos mosca y ya sabes qué hacer: *papancha* y volver a tu baño.

El caramelo de los pensamientos mosca son los juicios. En cuanto los huelen, llegan: primero uno o dos y después todos los que tengas. Si intentas espantarlos servirá de poco si su alimento favorito sigue allí presente porque una mosca se irá, pero otras cinco llegarán.

En Valencia, mi ciudad natal, había un lugar de referencia que era un sitio que todo el mundo reconocía por su contenido y su ubicación, la casa de los caramelos.

Cuando los seres humanos nos quejamos de nosotros mismos o de algo es como comprar un paquete de caramelos, del tipo más sanote, esos que están hechos de frutas, que parece que no son tan malos. Pero no por parecer menos malos dejan de ser caramelos, y de hecho suele ser la puerta de entrada a su mundo.

En Valencia, entrabas a la casa de los caramelos a por un tipo en concreto, pero cuando estabas ahí dentro uno llamaba al otro, descubrías dulces que ni siquiera sabías que podían existir y los querías todos.

Algo similar ocurre en nuestro interior. Un pensamiento que te dice que podrías cuidarte más parece un tipo de caramelo más sano, solo que, como bien sabes, ese llama a otro y a otro.

Puede que los caramelos que tengas tú sean del sabor del «con todo lo que yo he hecho y todavía...», o puede que sean caramelos con aroma a «es que mi pareja, mis hijos o mis ancestros»...

No importa el contenido de los caramelos, su apariencia o las características de su sabor, siguen siendo el alimento de las moscas.

Si los pensamientos mosca están en tu mente es porque los estás alimentando con la savia del juicio. Si dejas de alimentarlos y pones el foco en el baño podrás abrirte a nuevas posibilidades, lo que no implica que vayas a sentir más de lo que sientes, solo implica que sientas lo que sientas estará bien porque siempre estuvo bien.

Los que sienten mucho, bien.

Los que sienten poco, bien.

Sientas lo que sientas está bien.

Cierra los ojos y siente.

Abre los ojos y siente.

Sea lo que sea.

Siente el espacio.

Mira el lugar en el que te encuentras.

Observa más allá de tus pensamientos.

Aterriza aquí y ahora en tu baño.

Es emocionante descubrir cómo con simples detalles aparentemente imperceptibles un mismo espacio se vive de forma diferente.

Cómo limpiando un espacio con una energía diferente parece que cobre vida y que recobremos vida.

Cómo cambiando la forma en la que nos vestimos para entrar en esta estancia, en la que entramos todos los días, podemos verla diferente, podemos vernos diferentes.

Es entonces cuando se empiezan a diluir las fronteras entre dentro y fuera y empezamos a abrirnos a la posibilidad de reconocer que nunca existió dicha separación.

El baño, con su energía de amplificación, nos permite ver lo que hay.

El baño sigue siendo esa alma pura, inocente y amorosa que amplifica aquello que ya está y nos recuerda lo que de verdad somos.

Puede que sientas que todo brilla más y te aseguro que no es por el grado de pulcritud del lugar, es por tu energía, tu disposición a abrirte a dicho brillo permite que lo veas. Eso sí, no es que haya aparecido ahora, es que en este momento lo puedes ver, aunque siempre estuvo ahí.

Al vestirte para la ocasión te has mirado con más cariño, te has apreciado, y eso lo emanas.

No es lo que el baño hace o lo que es hacia ti o para ti, es lo que tú eres en el baño.

No cambia el baño, cambia nuestra forma de mirar.

Respira profundamente.

Permítete unas cuantas respiraciones en tu cuarto de baño, permítete reconocer el espacio.

Permítete respirar, solo respirar, en este espacio que te emana.

ORACIÓN DE GRATITUD

Siempre me había calificado como una persona rápida, para escribir, para hablar, para andar, pero no es cierto o al menos no lo es en todo. Para algunas cosas soy bastante rápida, pero para otras soy más lenta que un perezoso con sueño.

Hace tiempo, un día que estaba quejándome por algo, alguien que ahora veo que me quería mucho me dijo: «Lucía te has dado cuenta de que no se puede estar enfadada y sentir gratitud al mismo tiempo».

Yo no estoy enfadada, dije en tono molesto, demostrando así que mi interlocutor estaba en lo cierto y que no solo estaba enfadada, sino que me estaba regodeando en ese sentimiento y no quería salir de allí.

Y es que hay semillas que crecen sin esfuerzo cuando están plantadas sobre tierra buena u óptima para su crecimiento, mientras que en otras ocasiones es necesario todo un proceso para que algunas semillas puedan echar raíces y, desde ahí, dar frutos. El aprendizaje de la gratitud necesitó de tiempo para calar en mí y tardé bastante en poder verlo.

No podemos sentir gratitud y estar enfadados al mismo tiempo, lo que quiere decir que la gratitud es una forma muy sencilla de volver a la esencia, de conectar con lo que somos.

Este estado de gratitud nos conecta con el estado de gracia, etimológicamente tan cercano, y que es nuestro estado natural si se lo permitimos o le dejamos espacio.

Es por ello que el próximo paso con el baño es ese mismo, la gratitud. Pero no esa gratitud que los padres y las madres piden a su hijo que exprese cuando les hacen un regalo. «¿Le has dicho gracias?» Y el niño o niña repite como un loro y sin ningún sentimiento: «gracias». Sí, exactamente ese tono con el que has leído esta palabra es el tono falso al que me refiero.

Ese «gracias», si no es sentido ni natural, si es impuesto, está muerto, carece de tierra en la que echar raíces. Para que pueda prosperar debe estar sobre un terreno fértil, debe ser sincero y profundo.

Es por ello que ahora, de nuevo, te pido que respires profundamente unas cuantas veces, que sientas el cuarto de baño y que solo desde aquí leas las próximas líneas. Primero en voz baja para poder entrar en contacto no solo con las palabras, sino con su sentido manifestado en tu cuerpo. Después te pido que las expreses en voz alta, ahora sí, cargadas de esa gratitud natural que las acompaña cuando reconoces y sientes en lo más profundo de ti las raíces de la gratitud verdadera.

Desde esta energía de gratitud siéntete libre de añadir, cambiar y adaptar estas palabras según aquello que surja. Esta oración está viva, puedes adaptarla a tu espacio y puede crecer en tanto detalle y con tantas raíces como preciséis tú y tu baño. Siempre que estén regadas desde la energía de la gratitud, las raíces de esta oración darán frutos.

Antes de empezar vamos a darle las gracias al baño.

Primero lee estas frases una a una y siéntelas; después, repítelas en voz alta, adaptándolas si es necesario, para que el baño las escuche.

Gracias, baño, por tu sincera acogida.

Gracias, baño, por tu entrega desinteresada.

Gracias, baño, por tu reflejo sincero.

Gracias, baño, por tu amor infinito.

Gracias, baño, por estar ahí cada mañana.

Gracias, baño, por acogerme en todo momento, cuando me encuentro bien, cuando me encuentro mal, cuando me veo y cuando no me veo.

Gracias, baño, por atenderme de forma desinteresada.

Gracias, baño, por tu apertura.

Gracias, baño, por tu presencia sincera y eterna.

Gracias, baño, por tu paciencia conmigo y por aceptar mi impaciencia contigo.

Gracias, baño, por ver mi luz, incluso cuando yo solo puedo ver tinieblas.

Gracias, baño, por reflejar aquello que necesito ver.

Gracias, baño, por recordarme quién soy.

Si quieres añadir alguna frase más o agradecimiento puedes hacerlo porque este espacio es tuyo.

Respira, siente y expresa para crear tu propia oración de gratitud hacia tu baño.

«Eres una creación divina del universo en expresión. Eres la manifestación del amor divino».

CUARTA PARTE

«Eres una creación divina del universo en expresión.
Eres la manifestación del amor divino».

EL ALMA DEL BAÑO

En esta cuarta parte empezamos el proceso de revisión. Cuando pensamos en ordenar, normalmente pensamos solo en esta parte, pero aquí este es el cuarto paso y no tiene sentido si no hemos hecho los anteriores. Porque los anteriores son los que permiten que lleguemos a este estadio con una vibración desde la que la armonía no solo es posible, sino que es inevitable.

En esta parte, el alma del baño comparte con nosotros el proceso de revisión en la forma de tres regalos que vas a ir descubriendo. Espero que los disfrutes.

LECTURA DEL ALMA
DE LOS BAÑOS

El verdadero autor de la mayor parte de este libro es el alma del baño, y es especialmente cierto a partir de este punto.

La parte que viene ahora no pensaba escribirla, pero al final he decidido darte algo de contexto que puede ayudarte a comprender algunos detalles.

Hace años que la vida, de la forma más inverosímil que te puedas imaginar, me llevó a aprender una técnica, la lectura de aura.

Esta «habilidad» es como una meditación en la que entro en contacto con la energía de otra persona y empiezo a recibir información, normalmente en forma de imágenes que reflejan aprendizajes o aspectos que esa persona necesita tener en cuenta en este momento.

Hace años me dedicaba profesionalmente a ello, pero cuando nació mi hijo cerré la lista de espera que tenía y dejé de hacerlo.

Hace un tiempo, no tengo ni idea de cuánto, hablaba con alguien sobre el alma de los espacios y me pregunté si sería capaz de hacer dicha lectura con un espacio.

Este texto es el ejemplo de que sí es posible, y este libro se basa en la lectura del alma de este espacio. Voy a transcribir la lectura del alma de tu cuarto de baño, de los cuartos de baño.

Recuerda que habrá cosas que identifiques en tu propio cuarto de baño, mientras que habrá cosas que no, porque estamos leyendo el alma general del espacio.

Otra cosa que necesitas saber es que, cuando leemos la energía de los espacios, debemos tener en cuenta que los espacios se comunican de la misma forma que se comunican los animales o las plantas, y no suele ser la misma forma en la que nos comunicamos los humanos.

Los espacios no se comunican a nivel verbal, es decir, con palabras, sino que se suelen comunicar a nivel metafórico, a través de imágenes, sensaciones o incluso utilizando colores.

Al hacer la lectura, lo que yo iba recibiendo era justamente eso, imágenes, colores, sensaciones... Y verás que la lectura empieza describiendo uno de estos aspectos, pero no se queda ahí.

Lo que me sigue pareciendo fascinante es que el alma del baño sea tan generosa que haya elegido traducir su «lenguaje» para que podamos entender lo que nos está transmitiendo, aunque se restrinja su mensaje al pasarlo por el filtro de nuestra comunicación.

Sabiendo de nuestras limitaciones actuales autoimpuestas, el alma del baño nos va a dar el mensaje de forma textual, aun sabiendo que algunos de los conceptos aquí transmitidos pierden parte de su veracidad al ser encorsetados entre palabras.

Igualmente, en este texto también te describo parte de las imágenes, para que puedas hacerte una idea del mensaje original, para que puedas diseñar en ti, a través de tu imaginario, los conceptos etéreos y eternos que tu baño quiere compartir contigo.

Esta siempre será la primera parte, la imagen, y una vez con la imagen, sí que pido a la energía que nos explique cuál es el mensaje que esa imagen nos quiere transmitir. Solo quiero dejar claro que eso es una petición humana.

Realmente, con las sensaciones transmitidas a través de las imágenes sería más que suficiente porque ese es realmente el lenguaje del alma, no solo la del baño, también de la tuya.

Sé que esta parte ha quedado un poco abstracta, pero no es así con el texto que sigue. Como te decía al principio, la energía del baño tiene un enfoque muy práctico y lo verás de aquí en adelante. Las líneas que siguen tienen un carácter aterrizado de forma concreta y sencilla.

También me gustaría dejar claro que además de la parte visible está también la parte invisible.

Es importante reconocer que cuando hacemos una lectura energética de cualquiera de los espacios, más allá de las palabras, o más allá de las imágenes que llegan, el propio proceso de lectura es un proceso de limpieza, de traer a la luz.

Más allá de lo que tú puedas hacer con este texto, más allá de las acciones que emprendas, por el mero hecho de leer estas líneas o incluso por entrar en contacto con este mensaje, hay parte de él que ya está actuando sin que tengas que hacer nada de forma consciente. Ya está siendo hecho, ya es, ya ha sido y ya será.

Estamos atendiendo aquello que estaba desatendido, y cuando atendemos aquello que está desatendido lo sacamos del cajón de sastre, lo sacamos del almacén o del trastero.

Y aquí está la clave: estaba escondido y lo sacamos a la luz, y el simple hecho de traerlo a la luz, de iluminarlo, es ya un proceso de limpieza en sí mismo, porque lo sacamos de la sombra y le ponemos luz.

Iluminar algo ya es liberarlo. Traer luz sobre algo ya es limpiarlo.

Al atender, traemos luz; al traer luz, liberamos porque cambia nuestra perspectiva, lo que, sin esfuerzo, cambia cómo nos movemos en el espacio y las decisiones que tomamos.

Cuando leemos la energía de un espacio ya se está armonizando, pero no porque hagamos algo dentro de dicho espacio, sino porque al reconocerlo traemos la armonía, y es esta armonía la que en algunos casos promueve una acción que se materializa en el mundo externo.

Puede que haya momentos en los que sientas incluso algún tipo de sensación y no tengas claro el sentido de ese movimiento. Puede que haya momentos en los que sientas incluso que te embarga la emoción o que tus ojos se llenan de lágrimas. Ocurra lo que ocurra, está bien.

No necesitas darle texto, no necesitas ponerle palabras, no necesitas hacer nada con ello, solo permítelo. Permite que esté ahí y permítete ser sostenido.

¿Por quién? ¿Por quién va a ser?, por tu baño en nombre de la conciencia que somos.

Recuerda que estás en tu baño, y es tu baño el que te sostiene.

Tu baño va a estar ahí de forma amorosa, reflejándote, acompañándote, guiándote y sosteniéndote como ha hecho hasta ahora, cada día.

Ahora empiezas a ser consciente y eso es emocionante, no porque antes no ocurriera, sino porque estaba en la sombra y ahora puedes contemplarlo, ser consciente y reconocerlo.

Ese amor tan desinteresado emociona al alma humana porque es algo que, en lo más profundo, no solo reconocemos, sino que recordamos.

Ese amor profundo es, en el fondo, lo que somos, y nuestro baño nos lo recuerda con su presencia.

CALENDULA ARVENSIS
CALENDULA OFFICINALIS

Te presento a la caléndula: con ella se representa el alma del baño.

A pesar del gran número de nombres con el que se conoce a esta especie, nadie sabe a ciencia cierta de dónde procede en realidad.

Se trata de una planta que se viene utilizando en la región mediterránea desde la época de los antiguos griegos, y con anterioridad ya era conocida por los hindúes y los árabes, por sus cualidades terapéuticas, como una hierba medicinal y de uso cosmético, así como tinte para telas.

Esta flor es la que vi al empezar la lectura.

EL BRILLO
DEL ALMA DEL BAÑO

L a imagen con la que el alma del baño se presenta es la de una flor de caléndula.

Se trata de una caléndula que da la sensación de estar aprisionada, como si estuviera encarcelada y sus movimientos se vieran limitados por algún tipo de bloqueo que le impidiera expandirse, crecer o incluso ponerse erguida.

Esta imagen va vinculada a una sensación y a una emoción. La sensación es física, como de falta de oxígeno, y es algo que la bloquea.

Esa «prisión» que representa la caléndula se refleja como una presión en el pecho, como si hubiera algo que le impidiera una respiración profunda y, aunque lo intenta, tan solo puede respirar a la mitad de su potencial.

La emoción que se vincula con esta imagen es la de la tristeza. La caléndula que representa el alma del baño emana una tristeza pesada, como una pena profunda.

Esta sensación es similar a la que produce ver a un niño o a una niña que está en un cuarto oscuro encogido de miedo. Puedes visualizar esa imagen: un lugar con poca luz, y en un rincón una criatura que, encogida en el suelo, tiembla de miedo.

A nivel perceptivo estas imágenes son muy parecidas, no tanto en cuanto al contenido en sí, no es lo mismo un niño que una flor, pero sí en cuanto a la emoción que provocan y la vibración energética que emanan.

Esta es una imagen que no solo te habla del presente, sino que te lleva a cuestionarte qué tiene que haber ocurrido para llegar a esa situación. Te lleva al imaginario que intenta dar sentido a lo que ha provocado tanta tristeza. Esto mismo que podemos intuir con la imagen del niño, es lo mismo que se percibe cuando se visualiza la imagen de la caléndula que representa el alma de los baños.

La tristeza que desprende no es una emoción superficial, no es una sensación liviana, sino que presenta una pena profunda que te atraviesa al verla. Una desolación que no deja espacio a la indiferencia y que te involucra porque es imposible no sentir nada al ver a la flor. El corazón, literalmente, se encoge.

Es algo tan profundo que conecta con la impotencia de estar observando algo, aparentemente, irreparable.

Cuando vemos a un niño llorar nace de forma natural el acercarnos a consolarlo, porque lo que se despierta es el cariño y el amor. En este caso la tristeza es tan profunda que, al mirar la imagen, lo que aflora no es la esperanza ni el ofrecer consuelo, lo que aflora es la tristeza y la sensación de que este daño es irreparable y no podemos hacer más que sentirlo.

Esta es la primera imagen que el alma de los baños nos muestra, una caléndula constreñida que siente una desgarradora tristeza, pero que no se va, que está ahí, que sigue ahí.

Y cuando vemos con detalle esta misma imagen apreciamos algunos matices que desde una visión general se podrían pasar por alto.

Al estar constreñida la flor, sus venas, a través de las cuales debería fluir libremente la savia, se hallan parcialmente bloqueadas.

La vida que debería fluir de forma libre y sin bloqueos por los conductos internos de esta caléndula lo hace ahora a trompicones, como si fuera una manguera que ha quedado doblada de tal forma que limita el caudal que pasa por ella. Esto mismo que ocurre con las mangueras, es lo que está pasando en esta imagen, con la flor. Al estar aprisionada, encogida, es su misma posición la responsable de que la energía, en forma de colores, no fluya con todo el caudal posible. Esta caléndula agazapada no dispone de la energía que necesita porque su posición se lo impide.

La diferencia fundamental con la manguera es que por ella pasa simplemente un único elemento, el agua. En el caso de la imagen de nuestra caléndula, lo que vemos es que lo que quiere pasar por esos conductos internos son como arcoíris de luz. Y al estar en esa posición que impide la libre circulación hay colores que no tienen espacio para pasar. No es que pasen todos los colores con menor caudal de cada uno, es que hay colores que no caben y que no pasan por las venas de esta caléndula. Su posición permite que algunos colores pasen por el conducto, mientras que otros, aquellos que tienen una vibración más elevada y que ocupan más espacio, no pueden hacerlo porque no caben.

Este aspecto repercute en el tono que adquiere la flor porque al limitar el acceso de algunas tonalidades sus pétalos tienen un tono apagado y poco vibrante. Al ver la imagen general de la caléndula vemos una flor sin vida, con unos tonos opacos. Al ver los detalles podemos entender cuál es la causa de esa falta de vitalidad en su tonalidad. A esta caléndula le falta vida, simple y llanamente, porque no le llega.

Al ir observando la imagen se va modificando y, de pronto, algo cambia: apareces tú en la imagen, la caléndula sigue estando ahí, pero ahora estás tú también.

Al aparecer tú, la flor que hace unos instantes estaba constreñida y agazapada se empieza a abrir, se empieza a levantar, se empieza a erguir.

Hay un movimiento previo, muy rápido y llamativo. Al mirar y verte, la caléndula te observa primero con asombro, como si hubiera visto algo inédito, después, poco a poco, empieza a creérselo y una tímida sonrisa se va dibujando en su semblante floral. Con una inocencia e incredulidad más típicas de un niño que de un alma antigua, la caléndula refleja este cuestionamiento: «¿Me va a mirar de verdad? ¿Es a mí? ¿Me está viendo?».

El alma de tu baño siente que durante mucho tiempo ha sido invisible para ti, que aunque mirabas tu cuarto de baño con frecuencia, realmente no la veías a ella.

Y de repente, después de tanto tiempo, se da cuenta de que por fin la estás mirando, que no solo estás observando tu cuarto de baño, sino que estás allí, mirando más allá de lo que se ve de forma superficial y atendiendo a su alma.

Y de pronto, en tan solo unos instantes, la imagen cambia, su tallo se yergue, la caléndula se alza en todo su esplendor.

No es un proceso en el que la caléndula se levanta poco a poco, y tampoco algo que requiere de esfuerzo o de tiempo. La mente humana puede llegar a pensar que después de tanto esperar le hace falta tiempo para integrar o esfuerzo para cambiar a una nueva posición, pero esta no es la realidad que representa la imagen.

El cambio es inmediato, la caléndula es consciente de tu atención y en ese momento se levanta, sin dilación.

Al hacerlo, el tono de sus colores cambia al instante, y alcanza la vivacidad de todos los tonos del arcoíris. No tiene un tono concreto, su color se modifica según el momento, pero siempre son tonos brillantes y vivos. Al ver esa caléndula tan bonita tu rostro también se ilumina.

Este es el poder del alma de tu baño cuando te entregas a ella y te pones a su servicio. Ese acto de amor se refleja en su brillo y ese brillo te impacta de forma inmediata, te llena de vida, te permite empezar a ser consciente de tu propio brillo.

Es un proceso de dar luz a lo que estaba en la sombra, de ver lo que es más allá de lo que parece.

Tú brillas porque conectas con el brillo que eres gracias a hacer brillar al baño.

Lo voy a volver a escribir para que puedas volverlo a leer y conectar con todo el esplendor de esta frase: «Tú brillas porque conectas con el brillo que eres gracias a hacer brillar al baño».

Ese brillo que el baño ya «Es», está oculto porque se siente invisibilizado, y cuando tú lo miras *voilà*, todo se ilumina. Y no puedes más que sentir «¡qué bonito!», y sonreír. En ese instante conectas con el brillo que ya eres gracias a desplegar el brillo que el baño ya es.

Esto no consiste en crear algo partiendo de cero, no es algo que se consigue con esfuerzo, tampoco es un proceso dilatado en el tiempo, ni mucho menos supone añadir algo que no estaba.

El baño ya es brillo y tú ya eres brillo, aunque no siempre lo parezca y aunque en algunos momentos sea difícil de creer.

A partir de reconocer el brillo que el baño ya es, tú reconoces el brillo que tú ya eres. Sí, es tan sencillo, tan obvio y tan bello.

PASMOS
A LA ACCIÓN
ON EL BAÑO

El baño me habla sin parar. Me da tanta información que me cuesta incluso entender lo que dice. Es como si alguien llevase mucho tiempo sin poder hablar y de repente recuperara la voz. Como la Sirenita en el cuento, cuando recupera por fin su voz y puede expresar con palabras lo que llevaba tanto tiempo queriendo decir.

Así, es como encuentro al baño, que quiere decirlo todo a la vez y se atropella a sí mismo.

Esto es, exactamente, lo que me ocurrió al empezar a leer la energía del alma de los baños.

Al empezar a leer el alma del baño quiere compartir tantas cosas, tras tanto tiempo esperando a ser escuchada, que sus mensajes llegan de golpe. De la emoción quería decirme tantas y tantas cosas que me quedé bloqueada sin entender nada. Como si estuviera recibiendo información de tres direcciones diferentes y sin saber exactamente a cuál de ellas hacer caso.

Al instante la energía lo entendió, comprendió mi limitación humana y mi visión reducida, y entonces empezó a ir poco a poco, tema por tema, regalándonos un plan de acción concreto y accionable.

Incluso en esto, en este tipo de detalles se puede ver su energía dispuesta, consciente del otro y adaptable para hacernos la vida más fácil.

Nada más empezar a compartir me presenta un escenario multidimensional y no lineal, que no soy capaz siquiera de procesar y, entonces, adapta su forma de comunicación y su lenguaje a mis limitaciones humanas y me ofrece un sendero en tres dimensiones, accionable, concreto y sencillo.

Este camino amoroso se centra en tres aspectos o regalos que el alma del baño ha identificado como esenciales.

Los tres regalos se presentan en un orden concreto que representa un plan de acción lineal que no rechaza nuestra creencia en el tiempo y que está acorde con nuestra visión de la realidad.

Para así conseguir que este texto no se quede en una propuesta mental o teórica que añada más caramelos a nuestra tienda personal, sino que a través de la experiencia nos ponga en contacto de forma vivencial con aquello que nos quiere mostrar.

REGALO NÚMERO UNO: LO QUE ESTÁ VIVO

La primera imagen que nos muestra el baño es una cadena de montaje, similar a la de Charles Chaplin en *Tiempos modernos*. Una cinta que se desplaza de forma horizontal a una velocidad constante. Está llena de productos, unos detrás de otros, pero no son iguales, cada uno de ellos es diferente de los demás, aunque hay algunos que se parecen entre sí.

Botes de todo tipo –alargados, grandes, pequeños–, tubos, botellas de plástico o de cristal, con etiquetas en su mayoría aunque con textos ininteligibles. En la imagen se me muestran los productos y aunque veo las etiquetas, con marcas o indicaciones, me es imposible descifrar lo que está escrito en ellas.

Lo que sí veo con claridad es que algunos de estos productos tienen una marca verde, como si alguien les hubiera dado el visto bueno y hubiera puesto encima un símbolo que confirma que son correctos. En cambio hay otros muchos que parece que no han tenido esa suerte y sobre ellos se aprecia una cruz de color rojo que los hace menos atractivos a simple vista.

En la imagen se muestra a una persona que se acerca a esa cinta sosteniendo en sus manos una cesta de la compra. Esta persona va eligiendo productos y los echa en su cesta, aunque hace caso omiso a los distintivos. De hecho, casi todos los productos por los que se decanta tienen la marca roja. No es que no haga una selección, antes de decantarse por un producto u otro lo sostiene entre sus manos, no es una elección aleatoria, pero lo que hace que se decida por unos o por otros no tiene nada que ver con el distintivo, y acaba llenando su cesta, en su mayoría, con aquellos productos que presentan una brillante cruz roja.

Al llegar a su baño, esta persona va colocando en los estantes y los cajones los productos que ha cogido, de forma que su cuarto de baño se llena de marcas rojas invisibles a sus ojos, pero sensibles a su energía. Porque, aunque no es consciente de las cruces rojas, no quiere decir que estos productos no interfieran con su energía. Ahora veo que aquellos elementos que tienen el símbolo verde son coherentes con la energía de la persona, mientras que aquellos con la cruz roja interfieren con su energía, y ni siquiera es consciente de ello.

Esto no es como el efecto placebo, que basa su éxito en la creencia por parte del usuario en la eficacia de dicho producto, sino que interfieren o no sin que la persona tenga que creer o tan siquiera ser consciente de ello.

De repente, la imagen pasa de la atención al detalle de la persona, y muestra un plano más amplio que incluye no solo el objeto y la persona, sino también el espacio que los envuelve. Es aquí cuando observo cómo el baño hace todo lo que puede para hacer ver a la persona lo que está ocurriendo.

En esta imagen veo al alma de dicho espacio gritando: «Oye, ¿pero no te das cuenta de que estos productos no te van bien? Por favor, mira lo que estás haciendo».

Pero la persona no escucha al alma de su baño, no la atiende.

En la imagen veo cómo los días pasan y cómo cada mañana, al levantarse y entrar en el baño, esa persona se asea y se prepara con los productos que ha elegido, con los productos que están marcados con esas cruces rojas.

Aclaración: el baño me recalca que no es un tema de colores, que las cruces sean de color rojo no quiere decir que el color rojo no sea un color beneficioso. No tiene nada que ver con esto. El baño usa este color en esta imagen porque es el que asociamos culturalmente a lo incorrecto, a los semáforos que nos obligan a detenernos, pero no porque ese color tenga una connotación negativa ni el verde la tenga intrínsecamente positiva. Esto es solo un símbolo y no quiere decir que un color sea mejor o peor que el otro.

De hecho, me especifica que estos colores, o que algo sea validado como «positivo» o «negativo» ni siquiera tiene que ver con el objeto en sí ni con sus componentes.

Esto me deja atónita porque una parte de mí creía que unos objetos eran mejores que otros según la composición de los mismos. Pero el baño me saca de mi error haciéndome ver que dos productos con la misma y exacta composición pueden estar clasificados de forma contraria. Puede que uno de ellos tenga la cruz, mientras que otro tenga el visto bueno, aun teniendo los mismos ingredientes, en el mismo porcentaje y en el mismo orden.

Entonces, ¿de qué depende esta calificación? Depende de la intención que hay detrás de la energía del objeto.

El baño me lo explica con un ejemplo: no es lo mismo una crema hidratante que una crema antisequedad. Aunque los ingredientes o la formulación fuera exactamente la misma, en un caso una promueve el amor por el cuidado de la piel, mientras que la otra rechaza la sequedad presente en la misma.

Con nuestra visión humana parece algo difícil de comprender o aparentemente ilógico, pero es como funciona la energía.

Desde fuera parecen iguales, y puede que a nivel molecular sean lo mismo, pero la energía de una y la energía de otra no tienen nada que ver.

Nuestro baño nos muestra con este ejemplo que este espacio está lleno de elementos que nos rechazan o que rechazan aspectos vinculados con nuestra apariencia o, incluso, nuestro autoconcepto.

Como cada día, elegimos «cuidarnos» con productos que parten del autorrechazo.

Hay muchos «antis» en el baño: antimanchas, *antifrizz*, antiarrugas, antisequedad, antiestrias…

El baño nos invita a ser conscientes de todo el autorrechazo que se esconde en los productos que usamos a diario y nos invita a rodearnos de aquellos productos que nos aman. Esto, como ya hemos visto, no tiene que ver con la composición, sino con la intención del producto.

También recalca que la intención influye en la composición, y que de forma secundaria sí que es cierto que aquellos productos que tienen un enfoque «pro» en vez de «anti», suelen tener una composición más armoniosa con nuestra biología.

Pero también aclara que podemos tener el baño lleno de productos orgánicos que sean «anti» y energéticamente será lo mismo que tener productos no orgánicos que sean «anti».

La energía del producto es la base desde la que lo compramos, desde la que lo utilizamos y desde la que nos movemos en el mundo.

En esta parte el baño te lanza una propuesta con un enfoque práctico para que puedas observar a tu alrededor los productos bajo esta perspectiva.

Te invita a revisar tu baño mirando los distintos productos que te acompañan e identificando cuáles tienen el distintivo verde.

A nivel físico, si miras con atención es algo que puedes llegar a ver o al menos a sentir.

De hecho, la propuesta es que cambies tu forma de mirar, de elegir, para abrirte a ver estos distintivos que están presentes y que sueles pasar por alto.

La forma en la que sentimos el alma de los objetos varía de una persona a otra, pero suele haber algo común. Hay objetos que brillan cuando están alineados con la persona que eres, no con quien crees ser o con quien crees que deberías ser.

Este matiz es importante y lo voy a repetir: los objetos que brillan están alineados con tu versión actual en su más alta vibración, no con una supuesta mejor versión del pasado o del futuro, ni con una expectativa o un ideal. Los objetos que brillan reflejan tu brillo esencial. Mientras que aquellos que compraste desde el miedo o desde el rechazo suelen estar opacos. Es algo sutil que todas las personas podemos ver, no es algo que tienes que integrar, es algo con lo que has nacido, pero que has olvidado con el tiempo. No es algo que tienes que aprender, solo recordar.

Al observar los objetos conecta con esta forma de mirar que ve la felicidad de cada objeto. Esto no tiene tanto que ver con el texto que acompaña a cada uno, sino con lo que tú ves más allá de lo que ves con tus ojos físicos. La propuesta es mirar más allá de nuestros pensamientos sobre el objeto para ver su brillo o la ausencia del mismo.

Y recuerda que hay productos que pueden tener los mejores ingredientes, pero sí un producto está muerto, está muerto, incluso con los mejores ingredientes.

Al final de este capítulo se te invita a pasar a la acción. A pasear por tu baño, a abrir los cajones, las compuertas y los muebles que haya y a observar los productos y objetos que allí encuentras.

A identificar aquellos objetos que están vivos, aquellos que nutren, aquellos que aman, aquellos que cuidan.

Identifícalos.

Identifica también si hay alguno que ya no quieres que siga ahí, que esté muerto, que ya no tenga sentido.

Importante: no te esfuerces, esto no va de esforzarse. Recuerda que no es algo que haces desde tú yo personal, no es algo que hagas desde tu mentalidad o personalidad. No es porque creas que necesitas un producto más que otro. Es un enfoque que no mira los pensamientos sobre los productos, ni siquiera su supuesta conveniencia según un criterio u otro, este enfoque te saca de la ecuación. Lo que importa no son tus pensamientos sobre el objeto, la atención no está en ti, está en los objetos y se enfoca en el brillo de los elementos, ve más allá de tus pensamientos sobre ellos. No es de esfuerzo, no es algo a lo que llegas después de un proceso deductivo ni de listas de pros y contras ni de análisis, se trata de mirar para sentir de forma honesta y sincera.

No te preocupes que el baño no te pide que tengas un volumen concreto de objetos, o los espacios más o menos llenos, ni siquiera un tipo de productos u otro. No te da pautas rígidas, solo te invita a mirar la felicidad de cada elemento que te acompaña, el brillo o la falta del mismo.

Permítete sentir, y deja ir aquellos elementos que ya no estén alineados porque están muertos. Como un árbol que deja caer aquellas hojas que ya están muertas y las suelta, sin esfuerzo, solo las deja ir. De la misma forma, tu baño te invita a soltar aquellos objetos faltos de vida, sin esfuerzo, como un árbol, dejándolos ir.

Puede que haya objetos que estén muertos porque están caducados, porque están olvidados, porque están desatendidos, porque nunca te gustaron, porque están rotos, porque su función es de rechazo... Pueden ser mil y una razones, pero ni siquiera necesitas saberlas, averiguarlas o reconocerlas.

A veces verás que la mente busca razones para dar sentido a la lectura energética, si es algo que te inspira en el proceso puedes permitirlo, siempre teniendo claro que no es necesario.

Verás los objetos que brillan y estos estarán encantados de ser vistos, puede que notes que incluso te llaman, que parece que su tono se modifica o incluso que te pidan algún cambio. Puede que haya algún elemento que al mirarlo te diga que está vivo, pero que se sentiría más cómodo en otro lugar. Puede que te llegue la inspiración de cambiar algunas cosas de sitio, lo que estaba en un cajón pasa a otro, o puede que lo que estaba fuera pase a un cajón para estar más resguardado y protegido en vez de estar a la intemperie.

Puede que haya objetos que te enseñan otra forma de relacionarte con ellos. Y aquí vemos otra imagen.

Hay elementos que al cogerlos de la cinta transportadora se transforman. Hay algunos que tenían la marca roja y que al cogerlos, se vuelven verdes y, al revés, hay algunos que tenían la marca verde, pero que al cogerlos se vuelven rojos.

El baño nos enseña que más allá de las etiquetas o de que un producto tenga una composición «anti» nuestra intención tiene el poder de transformar el contenido y la armonía de un producto. Y no solo en el momento de la compra, también en el momento de la revisión. Puede que compraras un producto con una función «anti» y que, al revisar, te des cuenta de que lo quieres mantener, solo que ahora la intención no es «anti», es «pro». Y así, en esta imagen veo cómo ese producto, solo por tu cambio interno, se transforma y cambia de un color al otro.

En esta imagen te veo pintando en la etiqueta un corazón que simboliza este cambio de intención.

Cuidado porque aquí puede haber un punto de autoengaño, esa crema «anti» manchas, puedes decirte que se queda como crema hidratante y que la mantienes teniendo en cuenta este cambio en la intención. Solo que si ese cambio no es honesto y sincero, si solo es un discurso mental que te dices a ti para intentar convencerte, no cambia la esencia del producto, no pasa a verde, se mantiene en rojo. Cuando el cambio es sincero no llega desde una deducción mental o un «intentar convencerte», sino desde una revelación de reconocimiento y amor hacia ti tal y como eres, solo desde ahí la intención y el color cambian, del rojo se pasa al verde.

Tu baño y sus objetos te irán guiando en este proceso si se lo permites. Desde aquí no hay esfuerzo porque no son decisiones que tú tengas que tomar, solo tienes que escucharlas y aplicarlas. Todo es muy sencillo cuando te quitas de en medio.

Y esto sirve también para otros aspectos: todo es mucho más sencillo cuando nos apartamos y nos volvemos la incógnita de la ecuación, cuando dejamos de creer que sabemos, reconocemos que no tenemos ni idea y dejamos espacio para que se vayan revelando las respuestas.

De todas formas, no te fuerces. Habrá personas que solo con estas indicaciones tengan clarísimo lo que tienen que hacer, mientras que otras se acerquen con cautela al proceso o, incluso, desconfíen. No pasa nada. Si estás aquí es por algo, confía en la vida y, sobre todo, confía en tu baño porque es él y no yo, ni este texto, quien te va a guiar.

PASOS
DEL PROCESO

Llegas a este instante tras una preparación previa: primero has prestado atención al espacio gracias a esa limpieza y, después, te has vestido para la ocasión. Estos elementos no son superfluos, ellos son la preparación que necesitas antes de este nuevo movimiento.

Ahora ya puedes coger las bolsas de basura en las que depositarás los elementos que ya no se queden contigo. Recuerda agradecer los aprendizajes que te han regalado, aquello que te han mostrado tanto con su presencia como con su marcha. Porque enseña tanto la hoja que se queda en el árbol como aquella que se desprende.

Tómate tu tiempo para realizar este ejercicio y, si no tienes mucho, el tiempo del que dispongas.

Habrá personas que hagan el proceso de una sentada, mientras que otras irán como si pelaran una cebolla, capa a capa.

Si eres de esas personas que necesita guía para el camino, el baño te marca unas pautas muy concretas.

EL ALMA DEL BAÑO

Primero

Identifica aquellos elementos que tienen más brillo y pregúntales dónde quieren estar. Según las repuestas cámbialos de lugar si es necesario.

Algo que suele ocurrir con los objetos es que quieren estar protegidos, pero visibles. Por norma general, un objeto, a no ser que sea de decoración y esa sea su función, no querrá estar a la intemperie llenándose de polvo, preferirá estar resguardado, pero accesible.

En los cajones que están muy llenos, por regla general, los objetos no suelen estar contentos porque se sienten poco vistos y apretados, especialmente los del fondo.

Así es que la primera parte consiste en abrir los espacios de almacenaje y observar aquellos objetos que más brillan, que te encantan, independientemente del uso que hagas de ellos. Pregúntales dónde quieren estar.

Quizá esa toalla que está en el fondo del cajón quiere estar en primera fila y quiere que te seques con ella.

Quizá ese bote que ahora mismo está tumbado prefiere estar en el estante en vertical o viceversa.

Segundo

Deja ir aquellos objetos que no están vivos, que ya cumplieron su función. Agradéceles lo que te hayan enseñado y escucha por si tienen algo más que decirte.

En ocasiones los productos anti te ayudan a verte con más cariño. También puede que haya objetos que hayas adquirido por recomendación o porque estaban de oferta que te enseñen a comprar, no desde lo que otras personas te imponen o creen que es mejor para ti, sino desde lo que realmente es amoroso con tu energía en presente.

Sea lo que sea agradece su presencia, su aporte y déjalos ir desde aquí.

Tercero
Cuando termines agradece al cuarto de baño por todo lo que te ha mostrado, por todo lo que te ha regalado, por esta nueva visión.

Entonces, sal del baño con una reverencia y deja ir los objetos que has seleccionado para que se marchen con gratitud.

Importante: no te esfuerces en ir más allá de lo que veas. Identifica aquellos objetos que brillan, aquellos que sonríen, y priorízalos, ponlos donde quieran estar. Y aquellos que no, déjalos ir.

El orden propuesto es este, primero poner el foco en los que brillan, en los que están vivos, en los que están alineados con tu energía en la más alta vibración. Escúchales, déjate guiar por ellos para decidir dónde van a estar. Solo entonces, atiende al resto.

Si tus cajones o estantes están muy llenos, probablemente necesites sacar los objetos de su sitio antes de hacer este movimiento, para así poder verlos a todos.

Este proceso no es mental, no se puede justificar con razones, no te quedas con aquello porque pagaste más o porque tiene unos ingredientes más puros o porque te lo regaló alguien a quien quieres mucho... No es algo que nace de ti, de tus razones, de tu mente, pensamientos o justificaciones, este proceso es revolucionario porque te saca de la ecuación.

De repente, dejas de ser la persona protagonista del orden en tu cuarto de baño. El espacio y su contenido pasan a ser los personajes principales que te dicen lo que tienes que hacer, y no al revés.

Este enfoque le da la vuelta a cualquiera de los enfoques de orden actuales porque cambia el sentido en la toma de decisiones, te quita de en medio.

Lo curioso de esto es que cuanto más te entregas al proceso, más dejas ir tu voluntad personal y más te abres a la voluntad divina, más encuentras.

La voluntad divina está alineada con el bien mayor, y ese bien mayor supera con creces los beneficios de tu bien personal porque, en el fondo, la voluntad divina y la voluntad personal consciente son lo mismo.

Cuando más te entregas al alma de tu baño de forma desinteresada, más amor das y más amor recibes.

Y recuerda que esto no consiste en forzar, puede que con algunas cosas, aunque las veas, no sientas que puedes tomar esa decisión que estás viendo. «Es que esta crema es tan buena y me costó tanto», no pasa nada, permite que se quede, no te fuerces a dejar ir si no te sientes capaz.

El baño no te va a forzar a hacer algo para lo que no estás preparado.

Y de nuevo: el baño no te va a forzar a hacer algo para lo que no estés preparada.

Te ama tanto, que te ama independientemente de las decisiones que tomes.

Y de nuevo: te ama tanto, que te ama independientemente de las decisiones que tomes.

Permítele amarte y ámate a ti mismo al menos un diez por ciento de lo que te ama el baño. Es que te ama tanto que con que te amaras a ti mismo un diez por ciento de lo que te ama tu baño, ya sería una enormidad. Serías un ser humano que se ama mucho más de lo que es común amarse. No te esfuerces y diviértete explorando esta nueva visión.

Ahora sí, es el momento de pasar a la acción, pero antes unos apuntes a tener en cuenta.

Apuntes a tener en cuenta
Permite que sean los objetos los que te digan, te muestren y te enseñen.

Verás aquellos que no tiene sentido que te sigan acompañando y aquellos que te van a pedir que cambies su intención.

Recuerda la imagen del objeto que cambiaba de rojo a verde de forma inmediata cuando ponías el corazón en él. Se producía un cambio interno porque ahora no lo usas contra algo, sino a favor de la vida.

Y recuerda hacer este proceso solo con los objetos o productos que te pertenecen, no con los de otras personas. Este aspecto tiene una excepción con niños muy muy pequeños y con personas que son dependientes y no puedan decidir por sí mismas. En ese caso, lo ideal, si se puede, es hacer la revisión con dicha persona en el baño y tener en cuenta el brillo de sus objetos ante su presencia.

Con niños pequeños el proceso es maravilloso porque ellos no han perdido la capacidad de ver el brillo y pueden ver con total claridad lo que está vivo y lo que no. Aquí no hay una pauta cerrada o franja de edad, porque el baño no sabe de edades del cuerpo, solo lee la energía, por lo que dependerá de la energía de cada niño que mantenga o no esta capacidad. Si tienes hijos pequeños que todavía la mantengan es muy inspirador ser testigo de esta claridad manifestada que, por un lado, reconoce el brillo y, por otro, libera de forma natural aquello que no lo tiene. Cuando este movimiento lo observamos sin interferir nos recuerda esta misma capacidad en nosotros.

REGALO NÚMERO DOS: UNA NUEVA FORMA DE MIRAR

Seguimos con la lectura del alma del baño.

Veo una imagen.

Te veo a ti.

Estás en el baño, delante del espejo.

Estás poniendo atención a tu reflejo, como quien juega con esas imágenes de «encuentra las siete diferencias», solo que en este caso las dos imágenes que se comparan son la que el espejo refleja y te devuelve con la imagen mental de cómo crees que deberías ser.

Y claro, la imagen del espejo nunca está a la altura y es sencillo encontrar «diferencias».

En esta imagen tu foco se centra en descubrir aquello que consideras que no está bien. «Mira este poro», «mira ese pelo», «mira esta piel»… No hay una visión objetiva, real, uniforme, sino que eres un detector de «imperfecciones». Un escáner cuya función es identificar aquello que valora como «defectos», y sí, esta palabra tiene que estar entre comillas porque lo que tú consideras «defectos», en la mayor parte de los casos, no lo son.

No ves, no te ves.

Consideras que te estás mirando y te estás viendo, pero no es así.

En esta imagen es el baño el que tiene una forma de mirar mucho más real y te dice: «por favor, mírate bien. No te mires con el detector de defectos, mírate normal».

Te dice todo el tiempo: por favor, quítate el detector de defectos y mírate.

Pero tienes tan integrado este escáner que ni siquiera eres consciente de que lo estás usando. Ni siquiera te das cuenta de que no es una forma natural de mirar. Es algo añadido, es algo aprendido, aunque no siempre lo parece, y hacemos un esfuerzo sobrehumano cuando miramos así. Porque no estás mirando, estás mirando y después analizando, le añades el «apellido» analizar al «nombre» mirar y lo complicas. Con lo sencillo que sería solo mirar sin más, y no lo haces.

Lo que te invita a hacer el baño en esta parte es a mirarte de verdad, tan solo a mirarte como te mira él.

El baño te mira de forma amorosa, como se mira a un bebé.

¿Has mirado alguna vez a un bebé a los ojos? No, no una foto o un vídeo de bebés. Mirar directamente a los ojos de un bebé es intensísimo porque es conectar con el amor. En algunos momentos o para algunas personas, entre las que me incluyo, puede ser incluso incómodo porque es difícil sostener todo lo que se te mueve por dentro al ver una pureza tan genuina, sincera y desbordante.

Cuando miras esos ojos puedes ver ese brillo maravilloso y esa luz que emanan, la verdadera esencia de la humanidad.

¿Sabes cómo te ve el baño? Exactamente así.

Te ve como ese ser puro, perfecto, amable. No amable como afectuoso, amable como digno de amor. El baño te considera un ser digno de amor por tu mera existencia.

Ve a ese niño, a esa niña pequeña que tienes dentro, llena de brillo, llena de luz, y no entiende. No entiende por qué crees que tienes defectos.

Imagínate un niño o una niña pequeña diciendo «es que tengo este dedo meñique que se me ha quedado un poco corto, y el dedo anular creo que debería ser un poco más largo, y el dedo corazón debería ser un poco más pequeño».

¿A que es completamente ilógico?

Si te encontraras ante una situación así seguro que lo abordarías con cariño, le mirarías la mano y le dirías: eres perfecto tal y como eres. Te amo tal y como eres, con cada uno de tus dedos en su tamaño actual. Tus dedos son perfectos, tus manos son perfectas, eres perfecta, eres perfecto.

Esto es lo que ve y lo que siente tu baño cuando te escucha con frases como: «debería tener menos arrugas, o canas, o un pelo diferente, o menos barriga, o más altura, o menos... o más... ».

Imagínate la cara de tu baño al escuchar eso que para él carece de todo sentido. Él ve tu esencia y no entiende esa forma de mirar tan distorsionada y, sobre todo, autoimpuesta.

Eso que tú puedes ver en algunos seres muy concretos en los que reconoces la belleza más allá de la apariencia, que puede que te pase con algunas personas o animales cercanos, es lo que ve tu baño cada vez que te mira.

Pero la función del baño no se queda ahí, el baño no solo te mira, el baño intenta abrazarte.

En la imagen, el alma del baño me muestra unos brazos que salen del espejo, que te arropan y te acogen, mientras una voz te susurra: «todo está bien», «tú estás bien», «todo está bien contigo».

Te sostiene, te calma, te acoge.

Te abraza y te susurra: «eres maravilloso o eres maravillosa».

Cierra los ojos un instante y siéntelo. Estés donde estés, y si estás ahora mismo en el baño, siéntelo en el baño, pero si estás leyendo en otro espacio solo conecta con la energía del baño y siéntelo. Déjate abrazar, déjate recordar que eres un ser maravilloso. Permítete sentirlo. Ábrete a esa posibilidad.

Es curioso porque el baño ni siquiera te pide que te veas como te ve él, no te pide que te reconozcas como un ser maravilloso, y tampoco te pide que creas lo que te dice o que cambies tu forma de mirarte. No te pide que cambies nada, ni siquiera eso.

Solo te ama.

No te pide que te dejes de ver como te ves.

No te pide nada.

Solo te ama.

Y por supuesto, no te pide nada a cambio.

«Eres una persona maravillosa. Eres un ser humano divino. Eres divino». Respira profundamente y permítete escucharlo mientras lees estas frases.

«Eres belleza. Eres pureza. Eres amor, incluso aunque no te lo parezca. Eres una creación divina del universo en expresión. Y de nuevo. Eres una creación divina del universo en expresión. Eres la manifestación del amor divino».

Permítete sentir.

Escucha al baño.

No necesitas creerlo ni no creerlo.

No necesitas nada.

Permítete, simplemente, nada más.

Es tan sencillo.

No tienes que hacer nada.

Nada.

No te pide que hagas nada ni que sientas nada, ni nada de nada.

Tu baño te ama incondicionalmente.

El alma de tu baño te ama incondicionalmente.

No hay nada de lo que arrepentirse.

No hay nada que tenga que ser perdonado.

El alma de tu baño no necesita perdonarte, no existe siquiera este concepto, te reconoce como un ser inocente. No te ve culpable de nada. Te ve como pura inocencia encarnada. Y de nuevo: pura inocencia encarnada.

Respira profundamente y permite.

Respira profundamente y permite.

Si necesitas quedarte unos minutos en silencio, puedes hacerlo.

Hay personas que en esta parte del proceso puede que sientan la necesidad de hacer algo.

En algunos casos viene la inspiración de dibujar o de escribir, de hablar con el baño, de cambiar alguna cosa de sitio. Es el momento de usar tu cuaderno si esa inspiración llega a ti o de actuar si lo que llega es un movimiento.

Recuerda que el baño no te pide que hagas nada. Si de forma espontánea surge en ti algún movimiento hazlo y después vuelve.

Y si no, puedes permitirte unos minutos de silencio o puedes simplemente continuar. Lo que elijas estará bien. No hay fallos. No existe el fallo. Lo que elijas estará bien.

REGALO NÚMERO TRES:
EL SERVICIO DE TU BAÑO

Este es el último regalo del baño. Y nos muestra una imagen de ti entrando en esta estancia por la mañana.

El alma del baño está ahí, atenta, al servicio, intentando ayudar:

«Toma la toalla».

Como si fuera un mayordomo amoroso que está atento para dar lo que haga falta.

«Toma el jabón».

«Toma el cepillo de dientes».

«Cuidado, que al devolverlo a su sitio se ha quedado en el borde y se puede caer».

Es una energía de completo servicio, de entrega absoluta. Tiene un alma con una energía que naturalmente se manifiesta en el servicio amoroso y desinteresado.

Pero en esta imagen no lo ves, no te das cuenta de lo que hace por ti.

Y de repente, en esta imagen algo cambia y empiezas a verlo.

Puedes ver cómo te da la toalla y brota un «gracias» de dentro de ti.

Cuando haces esto, todo se transforma. No porque hayas dicho la palabra gracias, sino porque has podido ver el alma de tu baño, esto cambia tu energía, tu forma de mirar y en consecuencia lo que estás viendo.

Cambia todo.

El baño te da la toalla, el jabón, te da el agua... Se pone a tu disposición para ofrecerte todo aquello que puede. Y en ti, todo es gratitud.

En cambio, cuando no lo ves, el mismo proceso se vive de forma diferente: el baño te da la toalla, el jabón, te da el agua... Se pone a tu disposición para ofrecerte todo aquello que puede. Y en ti, todo es ingratitud y falta de aprecio.

Y el baño sigue ahí dándote todo y tú sin verlo, sin reconocerlo. Alguien que lo tiene todo y no puede ni siquiera apreciarlo porque no lo ve. Y al no verlo no lo reconoce y no lo valora.

Dejas la toalla mal puesta, pones el cepillo en su sitio de malos modos...

Te lo dan todo y ni siquiera lo aprecias ni lo valoras, te quejas y no lo tratas bien. Más te da y menos valoras.

En esa imagen la energía es de acritud.

Pero cuando puedes ver el alma de tu baño, todo cambia.

Una sonrisa se dibuja en tu cara, tu energía se transforma, ya no es de queja, es de aprecio.

Te da la toalla y al colocarla de nuevo en su sitio lo haces con mimo, con atención, con cuidado.

Cuando te lavas los dientes y vuelves a dejar el cepillo donde toca sientes gratitud y lo haces con atención desde ahí.

Sales de tu cabeza cuando estás en la ducha y sientes el bienestar del agua que recorre tu cuerpo.

Sin esta perspectiva, cuando estás en tu cabeza, muchas veces te duchas y ni siquiera estás presente, ni siquiera eres consciente de que te estás duchando.

Pero cuando sales de tu cabeza y reconoces el alma de tu baño, incluso los actos más cotidianos se vuelven sagrados.

Despiertas a lo bello de lo cotidiano.

Y en ese instante es como si tú entrarás en otra dimensión.

Y el baño se llena de color, de vida. Pasa de ser un lugar gris a un espacio vibrante multicolor.

Entras en estado de gracia.

El baño está al servicio y, al verlo, se te llena el corazón de gratitud profunda, no por los gestos del baño, sino por reconocerlo.

Y desde aquí el baño se mantiene cuidado, no porque haya un esfuerzo en este acto, sino porque aflora de forma natural el cuidado de este espacio tan amoroso.

No tienes el baño limpio porque tienes unas normas rígidas de limpieza del baño, sino porque no existe otra posibilidad.

Y si en algún momento, por la causa que sea, se ensucia, pues se limpia y no pasa nada, todo está bien, porque al ver su alma puedes reconocer que tu baño te ama incondicionalmente.

Tu alma reconoce el alma de tu baño, y tú conectas con tu alma gracias a tu baño.

Desde ahí, incluso limpiar o mantener el baño ordenado se vuelve más sencillo.

Tu forma de mirar cambia el mundo.

Y puede que haya cambios en tu entorno, porque tu vibración cambia, y tu vibración cambia aquello que miras. ¿Y sabes por qué? Porque el baño es un amplificador. Y si tú cambias tu vibración cuando estás en tu baño, tu baño va a amplificar eso, y cualquier persona que entre en ese espacio se va a nutrir de esa vibración, se va a nutrir de ese brillo y de esa luz.

TU BAÑO SOLO QUIERE QUE TÚ SEAS FELIZ

Este libro es el primero de una serie en la que vamos a ir descubriendo el alma de los distintos espacios y categorías de tu hogar. O puede ser que no, es posible que nos baste con leer el alma del baño. Esto dependerá de las personas a las que llegue este texto, del interés que haya al respecto y también del alma de los otros espacio y categorías. En este sentido, como el baño, estoy al servicio.

Y esta idea, la del servicio, es la que comparte el baño.

El baño está al servicio, esperando a que lo veas y ha compartido un proceso para que esto se manifieste.

Porque su fin último es tu felicidad.

Sus últimas palabras son sencillas, repetitivas y concretas.

Disfruta, por favor. Disfruta.

Disfruta, por favor. Disfruta.

Disfruta, por favor. Disfruta.

Tu baño solo quiere que seas feliz.

Y de nuevo: tu baño solo quiere que seas feliz.

Gracias.

QUINTA PARTE

La última parte es el cierre, la despedida de este proceso amoroso que te recuerda que eres digno de amor por tu mera existencia.

ÚLTIMA PROPUESTA DEL BAÑO

Cerramos la lectura del alma del baño.

Y la última invitación es a ducharte. Si no puedes hoy, mañana, pero permite que el agua corra por tu cuerpo.

Observa cómo tu baño está al servicio y te recuerda tu presencia. Te trae a este momento a través de su propia presencia amorosa.

Deja que te cuide.

Permítete ser amada o ser amado por tu cuarto de baño.

Recibe ese amor incondicional.

Permítete recibir ese amor incondicional, porque tu baño solo quiere que tú seas feliz.

Te manda un abrazo gigante que quiere que sientas con esta ducha.

Disfruta de tu ducha, de tu espacio de conexión con tu baño y contigo. Permítete ser sostenido por tu baño, siente cómo está a tu servicio. Celebra a través del reconocimiento y el cuidado.

LA INOCENCIA
DEL ALMA
DE TU BAÑO

Hace años que la pandemia me regaló un grupo de madres maravillosas. Quedábamos en la que por entonces era mi casa para hacer círculos en los que meditábamos y respondíamos a una pregunta: ¿cómo estás?

Con el paso de los años nos hemos ido separando físicamente, pero mantenemos nuestras quedadas en persona siempre que podemos.

Sucede que nuestras situaciones, aunque diversas, en muchos momentos van a la par y, hace poco, tres de nosotras hablábamos sobre la alegría de camino al lugar en el que habíamos quedado para comer.

Una de ellas había vuelto a su país natal por Navidad y nos contaba que al encontrarse con sus amigas de toda la vida se había dado cuenta de que antes se reía más, que era más risueña, y no era el alma de la fiesta, pero sí que vivía haciendo bromas.

La otra mujer y yo nos reconocimos de una forma u otra en eso, y también vimos cómo con los años una pesada carga de responsabilidad, probablemente mal-entendida, se ceñía sobre nuestro cuerpo como la bola pesada que suelen arrastrar los fantasmas.

Lo que reconocimos, más o menos todas a la vez, es que esto es una decisión personal, que hemos confundido la espiritualidad con la solemnidad y la seriedad; la crianza con el control y la rigidez.

No me malinterpretes, no hemos abandonado a nuestros hijos ni nos hemos vuelto madres irresponsables que alimentan a sus retoños con comida rápida.

Solo hemos descubierto que hay otra forma de movernos en el mundo, mucho más ligera, mucho más sencilla, más divertida e incluso, aunque a nuestra mente no se lo parezca, más amorosa.

Porque la rigidez es insostenible, el perfeccionismo mental inalcanzable y la paciencia finita, por lo que esta seriedad autoimpuesta solo daña a nuestros seres más queridos.

Al día siguiente de terminar nuestra reunión abría el libro de *Un curso de milagros* y me encontraba el siguiente texto: «La voluntad de Dios para mí es perfecta felicidad».

Pocas horas más tarde, una de ellas me escribía y me decía: «no te lo vas a creer». Si me dieran un euro por todas las veces que alguien me dijera, no te lo vas a creer, mi hucha tendría que ser del tamaño de un estadio de fútbol. «Lucía, no te lo vas a creer, al final de mi clase de español –ella es profesora–, hemos sacado una carta y ha salido esta, es exactamente de lo que hemos hablado».

Y la carta era la de la inocencia.

Te dejo algunas frases y después te cuento qué tiene que ver esto con el alma de tu cuarto de baño.

> *La inocencia que procede de una experiencia profunda de la vida es como la de un niño, pero no es infantil. La inocencia de los niños es hermosa pero ignorante, y será reemplazada por la desconfianza y la duda a medida que el niño crezca y aprenda que el mundo puede ser peligroso y desafiante.*
>
> *Sin embargo, la inocencia de una existencia plenamente vivida tiene una cualidad de sabiduría y aceptación de las maravillas de la vida siempre cambiantes.*

Esta es exactamente la energía del cuarto de baño, la energía hacia la que las personas somos llamadas.

El retorno a la inocencia, *Return to innocence*, como decía la preciosa canción de Enigma. ¡No te lo vas a creer! –moneda de euro a la hucha-estadio–, pero esta era mi canción favorita durante la adolescencia, incluso grabé un vídeo al revés inspirado en el videoclip de la misma.

Y es que en el fondo las respuestas siempre están y han estado cerca, de forma sencilla y amorosa.

Como colocadas al azar, como a quien se le cae algo al suelo, puestas de forma perfecta y llevándonos a esta inocencia que no es ignorancia, sino disfrute y sabiduría.

Esta es la verdadera energía del alma del baño y el potencial que se esconde detrás de nuestra supuesta seriedad, porque no engañemos a nadie, todas las personas llevamos dentro un alma juguetona que clama al gozo y la alegría.

Y este es el deseo con el que quería cerrar este texto.

Si te ha aportado valor, te invito, solo si lo sientes, a escribir una reseña y compartirlo.

Si quieres que haga el texto con el alma de algún otro espacio y categoría, avísame y si hay suficientes peticiones entenderé que es algo que puede aportar valor y pediré permiso a dicho espacio para ver si le apetece embarcarse en esta aventura.

Para mí ha sido un verdadero placer compartir este camino y abrirte las puertas del alma de los cuartos de baño y de algún modo también de la mía.

Respiro.

Respira.

Te deseo de corazón toda la felicidad del mundo.

RESUMEN DEL PROCESO

Aquí tienes un resumen muy simplificado con los pasos de este proceso.

Este resumen sirve porque puede que no hayas leído el libro de una vez. También puede que quieras repetir esta aventura en otra ocasión. O puede que haya alguna parte que casualmente te hayas olvidado.

Sea cual sea el caso, este espacio presenta un resumen muy escueto con los puntos clave de la parte práctica.

En cualquier caso lo ideal es que cada paso se sostenga en el capítulo que lo explica porque está mucho mejor detallado. Por ello hemos puesto al lado la página en la que encuentras la información pertinente.

Aquí tienes los puntos clave de la práctica que nos propone el alma del baño:

Dale atención al baño: límpialo como quien limpia a un bebé (página 55).

Vístete para la ocasión: ponte algo bello que te inspire para quedar con tu baño (página 73).

Agradece al baño su presencia y entrega (página 105).

Revisa los objetos que tienes en el baño (página 125).

Identifica los que brillan.

Pregúntales dónde quieren estar.

Deja ir con gratitud los que no brillan.

Quédate en silencio y permite que el alma del baño te abrace (página 141).

Reconoce el servicio de tu baño (página 147).

Dúchate y permite que el baño te sirva a ti en tu limpieza (página 155).

En estos puntos clave no están todos los aspectos tratados en el libro, si hace mucho que lo leíste y quisieras repetir el proceso lo ideal sería que lo leyeras de nuevo.

Y recuerda: tu baño solo quiere que tú seas feliz.

EL AUDIO ORIGINAL

Este libro iba a ser un encuentro *online* en directo en el que íbamos a quedar para ordenar, pero no pudo ser. Ahora veo que no tenía que ser.

Cuando empecé a leer el alma de los espacios, cuando pude ver que muchas de las cosas que se saben sobre el orden tienen sentido hasta cierto punto o hasta cierto nivel de conciencia, fui consciente de que esta nueva versión necesitaba ser compartida. El alma de los distintos espacios pedía «a gritos de desorden» ser escuchada, atendida por el bien de las casas, pero sobre todo por el bien de las personas.

Es por ello que diseñé unos encuentros en los que cada uno en su casa íbamos a revisarlas en directo.

Lancé la propuesta y se llenaron las plazas, pero conforme se acercaba el día del encuentro tenía cada vez más claro que ese no era el formato. Que no todo el mundo tenía que revisar a la vez, que no se podía imponer un ritmo que sería lento para algunas personas y demasiado rápido para otras. Que el horario que a alguna persona podía venir bien, no tenía que ser el horario óptimo para otra. Así es que decidí devolverle el importe pagado a todas las personas que se habían

EL ALMA DEL BAÑO

inscrito explicándoles que el formato inicial de la propuesta no era coherente. Y decidí regalarles un audio, el audio con la grabación del alma de ese espacio. Era un audio que podían ir parando y que las acompañaba en el proceso.

Después de este audio muchas personas me escribieron contando lo que habían descubierto, lo que algo tan sencillo les había supuesto.

Y de ahí nació esta propuesta que tienes entre tus manos.

Ahora me gustaría regalarte algún trocito de ese audio a ti también. Si te apetece tenerlo, manda el resguardo de compra de este libro a *info@sencillezplena.com* y te daremos acceso a una parte del audio con la lectura esencial del baño.

AGRADECIMIENTO

Gracias a cada ángel que ha hecho posible que este libro vea la luz. Gracias, mamá por leer cada una de las versiones y por confiar siempre en mí. Gracias, Javier por compartir el camino y por poner este libro tan bonito. Gracias, Paz por facilitar que esté en las librerías. Gracias, Rómulo y Aurora por la escucha y por la calibración del texto. Gracias, Alicia por el precioso prólogo. Gracias, Antonio, y gracias, bolita de luz por honrarme con vuestra existencia.

Gracias por enseñarme tanto a todas las personas que me habéis abierto las puertas de vuestra casa y de vuestra alma en el programa de la casa o en los acompañamientos. Gracias, Jesús, y gracias, David por la inspiración constante y por las señales del camino. Gracias al baño desde el que se hizo esta lectura y gracias a mi baño actual, ese que me recuerda cada día que soy amable por el mero hecho de existir. Y sobre todo gracias a ti que estás leyendo estas líneas. Gracias. Gracias. Gracias.

Tu baño solo quiere que seas feliz,
y yo, de todo corazón,
te deseo lo mismo.
Respiro.
Respira.

Lucía Terol

sencillezplena.com